Nestor T. Kolee

Der Junge, der auf einem Esel ritt

Der plötzliche Tod seines Vaters reißt Tom aus dem Leben. Im fernen Andalusien führt ihn das Schicksal nach Nepanthé, einem Ort ohne Sorge. Dort beginnt eine Reihe von seltsamen Träumen, die Tom den Weg zu sich selbst weisen.
Tom findet seine Kindheitsträume und die Liebe. Er lernt das Glück des Augenblicks kennen und versteht, warum das Leben keine Ziele braucht. Aber auch dunkle Gedanken, Abgründe und sogar der Tod begegnen ihm auf dieser Reise.
Doch am Ende seines Wegs gewinnt er Klarheit über den Sinn seines Lebens und er weiß, dass er seinem Herzen folgen muss.

Nestor T. Kolees Einstieg in die Welt des Schreibens begann mit einem mystischen Erlebnis an der Küste des kleinen Fischerdorfes Paternoster in Südafrika, das ihn dazu veranlasste, diese Geschichte aufzuzeichnen. Mit seiner Erzählung will er seine Leser dazu inspirieren, ihre eigenen Träume wiederzuentdecken.
www.nestorkolee.com

NESTOR T. KOLEE

Der Junge, der auf einem Esel ritt

Das Leben ist keine Reise

Mit Illustrationen von
Katharina Netolitzky

dtv

2. Auflage 2021
Ungekürzte Ausgabe 2021
2021 dtv Verlagsgesellschaft mbH & Co. KG, München
© 2020 Nestor T. Kolee
Das Werk ist urheberrechtlich geschützt.
Sämtliche, auch auszugsweise Verwertungen bleiben vorbehalten.
Für Inhalte von Webseiten Dritter, auf die in diesem Werk verwiesen wird, ist stets der jeweilige Anbieter oder Betreiber verantwortlich, wir übernehmen dafür keine Gewähr. Rechtswidrige Inhalte waren zum Zeitpunkt der Verlinkungen nicht erkennbar.
Umschlaggestaltung: Giovanni Misagrande
Gesetzt aus der Franziska
Satz: Gaby Michel, Hamburg
Druck und Bindung: C.H.Beck, Nördlingen
Printed in Germany · ISBN 978-3-423-28302-1

Für Vincent und Valentin
Damit ihr immer euren Träumen folgt.

Prolog

Der kleine Junge war so stolz. Er ritt auf seinem Esel und führte die ganze Karawane an. Die anderen Kinder saßen auf ihren Tieren und folgten ihm. Sein Vater hatte ihn für die kleine Eseltour angemeldet. Der Mann, dem die Tiere gehörten, hatte ihn angeschaut und dann auf den Leitesel gesetzt.

So ritten sie nun los, und der Junge streichelte fortwährend seinen Esel. Gleichmäßig bewegte sich die Gruppe durch die schöne Landschaft Andalusiens. Immer vorweg der kleine Junge, der die Umgebung kaum beachtete und nur Augen für sein Tier hatte.

Sie waren etwa die Hälfte des Weges geritten, da stoppte der Leitesel abrupt. Er neigte den Kopf etwas und fing an zu grasen. Der kleine Junge freute sich. »Friss erst einmal ordentlich«, sprach er zu seinem Tier. Und er hörte nicht auf, ihn zu streicheln, während der Esel Rast machte.

Die anderen Tiere aber hatten nicht angehalten. Das Kind, das auf dem zweiten Esel in der Gruppe saß, ritt nun an ihnen vorbei. Es hatte den ganzen Weg über immer den kleinen Jungen vor sich gehabt und war nun froh, auch einmal ganz vorne sein zu können. Als das Kind an dem Jungen vorbeikam, strahlte es. Auch das Kind, das auf dem dritten Esel saß, ritt nun an ihnen vorbei. Ebenso das vierte und das fünfte und so weiter. Der kleine Junge aber streichelte fortwährend seinen Esel. »Ruh dich nur ein wenig aus, du hast es dir verdient«, sagte er lächelnd. Der Esel fraß in aller Ruhe weiter und ließ dabei die anderen Tiere vorbeiziehen.

Der kleine Junge bemerkte, wie die vorbeireitenden Kinder sich nun von Mal zu Mal zu verändern begannen. Waren die ersten einfach nur glücklich, selbst etwas weiter vorne zu sein, fingen die weiter hinten reitenden Kinder an, sich mehr darüber zu freuen, dass der kleine Junge mit seinem Leittier nun mehr und mehr ans Ende rückte. Aus dem freudigen Lächeln waren erst Gleichgültigkeit und schließlich ein hämisches Grinsen geworden. Einige lachten sogar spöttisch und sagten dumme Sachen.

Den kleinen Jungen aber störte das nicht. Er hörte es kaum. Wenn er es bemerkte, war er bloß ein wenig verwundert darüber. Aber dann wandte er sich schnell wieder seinem Esel zu, den er nicht aufgehört hatte zu streicheln, und ermunterte ihn, weiter zu grasen. Das ging so lange, bis auch das letzte Kind an ihnen vorbeigeritten war. Auf dessen Gesicht hatte der kleine Junge so etwas wie Mitleid gesehen. Denn dieses Kind wusste, wie es sich am Ende der Karawane anfühlte. Die Letzten werden die Ersten sein. Das hatte man diesem Kind stets erzählt. Doch daran hatte es längst den Glauben verloren.

In demselben Moment, als der letzte Esel an ihnen vorüberritt, hörte das Tier des kleinen Jungen auf zu grasen. Es hob den Kopf, schaute kurz der Karawane nach und setzte sich dann wie von selbst in Bewegung. Als ob das andauernde Streicheln des kleinen Jungen ihm Energie gab, lief der Leitesel nun in seinem ihm eigenen Tempo den anderen hinterher. So war er wie zu Beginn der Reise ein wenig schneller als die anderen, und Kind für Kind, Esel für Esel fingen sie an, die anderen wieder zu überholen.

Die Gesichter der Kinder sahen diesmal ganz anders aus. Während das letzte Kind der Karawane noch froh zu sein schien, wenigstens nicht die ganze Zeit am Ende gewesen zu sein, sprach zunächst Verwunderung aus den Blicken der anderen, die sich dann zu Missgunst und Neid verdichtete. Bei den Kindern, die immer noch ganz vorne waren, spürte der kleine Junge so etwas wie Wettbewerb. Er meinte zu bemerken, dass diese versuchten, ihre Tiere anzutreiben, doch schneller zu laufen, damit sein Esel sie nicht überholen konnte. Am schlimmsten aber war es bei dem Anführer: Während einst ein Strahlen auf dessen Gesicht lag, schlug nun Zorn dem kleinen Jungen entgegen, als er auch an diesem allmählich vorbeiritt.

So führte der Esel des kleinen Jungen die Karawane

schließlich wieder an. Die ganze Zeit hatte er nicht aufgehört, seinen Esel zu streicheln, und aus seinem anfänglichen Stolz war nun tiefe Liebe geworden.

Kapitel 1

Es nieselte. Leichter Regen fiel auf die Windschutzscheibe. Die Scheibenwischer verrieben die wenigen Tropfen mit dem staubigen Sand, den der Wagen auf der spanischen Landstraße aufgelesen hatte. Der verschmierte Dreck bildete Schlieren. Sie fügten sich ein in die karge Ödnis einer bleiernen, schweren Landschaft, durch die Tom seinen Wagen lenkte. Er hatte die Orientierung verloren. Sein ganzes Leben bot ihm keine Orientierung mehr.

Wochen lag der Tod seines Vaters nun schon zurück. Aber mit jedem Tag, der seither verging, nahm diese Orientierungslosigkeit zu. Sein Vater war Toms einzige Familie. Nun hatte er niemanden mehr. Irgendwann hatte er es nicht mehr ausgehalten. Er musste raus, brauchte einen Ortswechsel. Der würde vielleicht helfen. Aber er half nicht. Tom wusste das schon, als er in Málaga ankam. Diese Auszeit würde alles nur noch schlimmer machen. Denn selbst wenn der Ort sich änderte, die Orientierungslosigkeit blieb.

Er hatte sich einen Wagen gemietet und war einfach

drauflosgefahren. Fragen kreisten in seinem Kopf. Fragen, die Tom seinem Vater noch hatte stellen wollen, um für sich klarer zu sehen. Um eine Richtung für sein Leben zu finden. Aber der Tod kennt keine Fragen und er gibt keine Antworten. Er lässt jeden allein zurück. In genau dem Nichts, aus dem die Landschaft bestand, in die Tom jetzt fuhr. Irgendwo im spanischen Hinterland, das genauso leer schien wie Toms Leben.

Das letzte Schild, das auf eine Unterkunft hindeutete, lag lange zurück. Es führte weit weg von der Hauptstraße in die Berge. Tom wusste, als er die Entscheidung traf abzubiegen, dass sein Treibstoff nicht für den Rückweg reichen würde. *Welchen Sinn sollte es auch haben, zurückzukehren?*, dachte Tom. *In ein Leben, das es so nicht mehr gibt? Welchen Sinn sollte das haben?*, dachte er immer und immer wieder. Hätte sein Vater noch gelebt, er hätte ihm sicher eine Antwort gegeben. Es wäre die Antwort eines Optimisten gewesen, weil nur unerschütterliche Optimisten immer eine Antwort haben. Selbst, wenn das Leben schweigt. *Welchen Sinn hat es?* Bei diesem Gedanken hielt Tom einen Moment inne. War das nicht die zentrale Frage? *Welchen Sinn hat eigentlich das Leben?* Tom hätte seinem Vater so gerne wenigstens noch diese eine Frage gestellt.

Er blickte neben sich auf den Beifahrersitz. Dort lag alles, was ihm an persönlicher Erinnerung an seinen Vater geblieben war. Es war eine überschaubar große Schachtel, nicht wirklich groß, nicht wirklich klein. Unspektakulär, so wie das Leben seines Vaters. Die Schachtel war geschlossen. Aber Tom hatte ein klares Bild davon vor Augen, was sich in ihr befand.

In der Schachtel lag Toms Herzensstein. So hatte sein Vater ihn immer genannt. Es war ein kleiner grüner Kristall. Tom wusste noch genau, was sein Vater immer zu ihm gesagt hatte. *Er beschützt dich. Wenn er bei dir ist, kann dir nichts passieren.* Toms Vater hatte immer behauptet, der Stein sei ein Splitter aus der *Tabula Smaragdina*. Die Tafel war ein Mythos, auf der, alten Legenden zufolge, das Geheimnis der Weltenseele niedergeschrieben stand. Tom hatte gestaunt und den Stein in Ehren gehalten. Als er älter wurde, war er sich zunehmend sicher, dass es sich eher um eine verwaschene

Glasscherbe handelte, die sein Vater einmal am Strand gefunden haben musste. Aber als Kind hatte er an den Zauber geglaubt, und er fühlte, dass immer noch etwas Magisches von diesem Stein ausging. Gerade jetzt, als er

an seinen Vater dachte. Es war ein Zauber, der ihn für einen Moment lebendig hielt. Denn sein Vater hatte diese eine Gabe besessen. Er wusste Geschichten über die Welt zu erzählen, und diese Geschichten wurden wahr. *Ich vermisse seine Geschichten. Ich vermisse ihn. Vater konnte dem Leben immer einen Sinn geben*, dachte Tom.

Der Regen war inzwischen dichter geworden, und durch die verwaschene Scheibe seines Wagens erkannte Tom nun in der Ferne die Unterkunft, die das Schild an der Hauptstraße angezeigt hatte. Es war ein großes, altes Holzhaus, das am Fuße eines Waldhanges an einem Berg lag. Von Weitem sah es so aus, als wäre es in Gestein geschlagen worden. Aber als Tom sich mit dem Auto näherte, erkannte er, dass ihn der Eindruck täuschte. Das Haus war direkt an einer Felswand gebaut, die aus dem Wald ragte. Glitschige Holzbohlen führten den Weg hinauf. Als Tom aus dem Wagen stieg, fing es langsam an zu stürmen und der Regen verwandelte sich mehr und mehr in ein Unwetter. Von unten hatte das Haus unheimlich ausgesehen. Es hatte düster gewirkt, gerade so, als sei es aus einem anderen Jahrhundert. Aber Tom hatte keine Wahl. Zumindest Licht schien es drinnen zu geben. Triefnass stand er schließlich vor dem etwas windschiefen Eingang. Tom zögerte einen Moment. Dann sah er den merkwürdigen Namen, der über der Tür in das Holz geschnitzt war, und fragte sich, was ihn wohl in diesem Haus erwarten würde.

Kapitel 2

Erfreut stellte Tom fest, dass es in dem Holzhaus warm und gemütlich war. Es erschien ihm ganz anders, als es von außen gewirkt hatte. Nicht mehr so düster, eher wie ein verwunschener Ort. Tom empfing ein großer Raum, in dessen Mitte sich eine gewaltige Eisenschale befand. Sie war an der Decke befestigt und hing über einem großen Feuer. Von ihr ging eine wohlige Wärme aus, die den gesamten Raum erfüllte. Zu seinem Erstaunen war Tom nicht der einzige Besucher. Im Raum verteilt saßen mehr als eine Handvoll Gäste. Sie aßen und unterhielten sich. Tom beobachtete sie einen Moment und hatte das Gefühl, an einem besonderen Ort zu sein.

Wie seltsam doch die Welt ist, dachte er bei sich. Es war das erste Mal in seinem Leben, dass er ohne Ziel und Gedanken losgefahren war. Früher hätte er das nie gewagt. *Schließlich braucht man im Leben doch immer einen Plan, wohin man will, sonst ist man verloren*, hatte er sich immer gesagt. *Dabei scheint das Leben einen eigenen Plan zu haben und auch dem kann man folgen*, dachte Tom nun, als er diesen seltsamen Ort betrachtete. Noch immer wusste er nicht so recht, wie er eigentlich hierhergekommen war.

»Warum so orientierungslos, du bist doch hier«, riss es ihn aus seinen Gedanken. Neben ihm stand plötzlich eine kleine, mütterliche Alte. Sie schaute Tom freundlich an. »Früher oder später führt es sie alle hierher.« Tom verstand nicht. Die Alte lächelte ihn an. »Die Orientierungslosen.« Sie schaute Tom an. »Sie kommen immer nach Nepanthé.« Tom fiel wieder der merkwürdige Name ein, den er draußen gesehen hatte. *Nepanthé* stand dort über der Tür in den Holzrahmen geschnitzt. *Aber was für eine Bedeutung hatte dieser Name?* Fragend schaute er die Alte an.

»Nur Geduld, du wirst es schon noch verstehen. Aber jetzt komm erst mal mit, du musst hungrig sein.« Damit führte sie Tom an einen der kleinen Tische nahe der Eisenschale. Das Feuer war warm und trocknete langsam seine Kleider. Obwohl ihm der Ort immer noch seltsam erschien, fühlte er sich zunehmend sicher und geborgen. Er dachte an die Worte der Alten und den Namen dieses Ortes, als auch schon die ersten Getränke und Speisen an seinen Tisch gebracht wurden. *Wie seltsam, ich habe gar nichts bestellt*, wunderte er sich kurz. Aber dann fiel ihm auf, dass er seit Stunden nichts Richtiges mehr gegessen hatte. Ohne also weitere Fragen zu stellen, aß und trank er und war froh, sich endlich wieder einmal satt essen zu können.

»Schmeckt es dir?« Neben ihm stand plötzlich wieder

die Alte. Mit einem Lächeln, das nur der gestillte Hunger hervorbringen kann, schaute Tom sie an. »Es ist köstlich. Ich musste es noch nicht einmal bestellen, es kam wie von selbst.« Die Alte lächelte wieder, wie sie schon zu Beginn ihrer Begegnung gelächelt hatte. »Dieser Ort weiß, was du brauchst«, sagte sie und war mit diesen Worten auch schon wieder verschwunden. Tom hatte nicht einmal Zeit, über ihre letzte Bemerkung nachzudenken, denn es dauerte nicht lange, bis sie wieder zurückkam. Sie brachte zwei gefüllte Kelche aus einfachem Ton und setzte sich zu Tom an den Tisch.

»Dieser Ort ist benannt nach einem Trank aus der griechischen Mythologie.« Sie machte eine Pause, bevor sie fortfuhr. »*Nepenthes* war eine Arznei, die dem Wein beigemischt wurde, um Leiden zu beseitigen, Angst zu verjagen und alle Krankheiten vergessen zu lassen. Sie war ein Geschenk von den Göttern.« Tom schaute unweigerlich auf die beiden Tonkrüge, während sie weitersprach. »Es ist die Bestimmung dieses Ortes, denjenigen, die hierher finden, ihre Leiden zu nehmen. Die Ängstlichen verlieren ihre Angst, die Kranken erfreuen sich wieder am Leben.« Sie machte erneut eine Pause und schaute Tom mit einem durchdringenden Blick an. »Und den Orientierungslosen wird ein Weg gewiesen.« Tom wusste, dass sie ihn meinte, und fragte sich, was das wohl für ein Weg sein sollte. Dann fuhr sie fort: »Dieser Ort hier heißt Nepanthé, weil er das ist: ein Ort ohne Sorge.« Danach schwieg die Alte.

Ein Ort ohne Sorge, dachte Tom im Stillen. War es nicht das, was er gesucht hatte, als er vor ein paar Tagen von zu Hause aufgebrochen war? Ein Ort, der sein Leiden beenden und ihn seinen Schmerz vergessen lassen würde. »Die Orientierungslosen kommen immer nach Nepanthé?«, wiederholte Tom fragend den Satz, den die Alte zu Beginn ihrer Begegnung gesagt hatte. Sie sah ihn an und nickte stumm. »Aber ich bin nicht bewusst hierhergekommen. Es war die letzte Möglichkeit, noch einen Zufluchtsort zu finden.« Wieder lächelte die Alte. »Und doch bist du hier. Oder vielleicht gerade deswegen«, sagte sie ruhig.

Tom zeigte auf seinen Becher. »Das muss ich trinken?« Die Alte deutete auch auf ihren Becher und sagte: »Wir trinken gemeinsam. Aber es ist deine Entscheidung. Es gibt nichts im Leben, das man tun muss, wenn man nicht will.« Tom war sich nicht sicher, was er davon halten sollte, aber er begann, etwas Vertrauen zu fassen. Er streckte die Hand nach seinem Becher aus und stellte seine nächste Frage: »Was passiert dann?« Die Alte guckte ihn mit einer tiefen inneren Ruhe an: »Alle Sorgen fallen von dir ab.« Tom dachte nach. Was hatte er schon zu verlieren. Vergiften würde sie ihn schon nicht. Er hatte eigentlich keinen Grund, ihr zu misstrauen. Das Essen hatte köstlich geschmeckt, und sie hatte ihm einen Platz am Feuer gegeben. Auch die anderen Gäste im Raum wirkten freundlich. Sollten auch sie aus dem Becher getrunken haben, als sie hierherkamen, schien ihnen das zumindest nicht geschadet zu haben. Wahrscheinlich waren das Getränk und seine mystische Wirkung ohnehin nur ein Hirngespinst der Alten. Vielleicht war es einfach eine liebevoll gemeinte Geste gegenüber den Gästen. Bestimmt hatten sich alle wie er hierher verirrt, so abseits wie der Ort lag. Vermutlich würde gar nichts passieren. Bestenfalls hätte er einfach nur mal wieder ein gutes Gefühl, wenn er nachher zu Bett ging. Womöglich blieb ihm eine unruhige Nacht mit schlimmen Gedanken erspart, wenn er mit der Alten trank. »Warum trinken wir gemeinsam?«, fragte Tom, nachdem er dachte, dass ja nur er es war, von dem die Sorge abfallen sollte. »Um dich mit diesem Ort zu verbinden«, sagte die Alte. Tom lächelte. Wahrscheinlich trank die Alte einfach nur ganz gern. Aber er fing an, die Art zu mögen, wie sie sprach und die Welt zu betrachten schien. Es erinnerte ihn ein wenig an den Zauber, den sein Vater mit seinen Geschichten immer zu versprühen gewusst hatte. *Auf meinen Vater*, dachte er, als er den Becher hob. Die Alte tat es ihm gleich und beide tranken. Es war tatsächlich Wein. Er schmeckte sehr süß, aber da war auch etwas Bitteres in ihm. Tom trank ihn in einem Zug, so wie man Medizin trinkt. Die Alte hatte ebenfalls schnell getrunken und war bereits dabei, wieder aufzustehen.

»Was jetzt?«, fragte Tom, als er sah, dass sie aufgestanden war und gehen wollte. »Das sagte ich doch bereits. Deine Sorgen werden von dir abfallen.« Tom blickte die Alte etwas enttäuscht an. Hatte sie sich nur einen Spaß mit ihm erlaubt? Er war bereits dabei, sich über seine eigene Einfältigkeit zu ärgern, da sagte die Alte noch: »Geh jetzt schlafen. Deine Träume werden dir Orientierung geben.«

Als Tom dies hörte, wusste er, dass er auf die Alte hereingefallen war. Denn er träumte nie. Seit seiner Kindheit hatte er keinen einzigen Traum mehr gehabt. Mit dem, was sie sagte, mochte sie bei den anderen Gästen mitunter etwas bewirkt haben. Vielleicht hatten sie alle abends vom Wein beseelt in ihren Betten gelegen und erzählten dann am nächsten Morgen von ihren Träumen. Aber er wusste, dass das bei ihm nicht funktionieren würde. Er träumte einfach nicht. Tom glaubte fast, er konnte es gar nicht mehr. Als hätte sie seine Gedanken gelesen, blickte die Alte ihn noch ein letztes Mal an. Mit ernster Stimme sagte sie: »Diese Nacht wirst du träumen.«

Kapitel 3

In einer fernen Wüste saß im zeitlosen Raum der Beduine In Lak'ech im Schatten einer Palme und wartete.

Er wartete nun schon seit einer Ewigkeit und wusste, dass das Warten seine eigentliche Bestimmung war. Sitzen und warten. Bis sich etwas tat. Bis sich etwas regte in dieser ewigen Weite aus Sandkörnern. Bis der immer gleiche Kreislauf aus Tag und Nacht, Sonne und Mond, bis das gleichmäßige Auf und Ab des Lebens durch etwas unterbrochen wurde. Bis der Moment gekommen war, in dem In Lak'ech sein ganzes Dasein unterbrach, um sich der Aufgabe zuzuwenden. Der höchsten Aufgabe, für die er hier saß und wartete.

Der Beduine spürte, dass dieser Moment sich wieder zu nähern begann. Er hatte den Sand beobachtet. Lange hatte er ihn beobachtet. Er hatte seinen Blick fest auf die Wüste gerichtet, war versunken in ihr, sodass er irgendwann eins mit ihr war. Er spürte jedes einzelne Sandkorn, fühlte sich mit ihm verbunden, als verberge sich darin eine ganze Welt voller Leben. Es war eine Welt voller Möglichkeiten, die in dem Kosmos des einzelnen Sandkorns steckte. Erst durch sein Beobachten oder, wie er es selbst immer nannte, durch sein genaues Nicht-Beobachten der Sandkörner konnte er jede einzelne Regung wahrnehmen, die in ihnen vor sich ging.

Heute hatte er wieder etwas gespürt. In einem winzigen Korn, in einer dieser kleinen Welten, fern am Horizont, nicht sichtbar für das menschliche Auge, aber deutlich und klar spürbar für ihn. Es ging etwas vor sich. Etwas hatte sich bewegt am Horizont. Nur ganz unmerklich zwar, aber doch eindeutig. Und es würde sich weiterbewegen.

Es ist wieder an der Zeit, dachte der Beduine und fing an, sich auf seine Aufgabe vorzubereiten. »Wenn erst einmal die Frage gestellt ist, setzt sie immer etwas in Bewegung.« Sei es so etwas Kleines wie ein Sandkorn. Dann aber, nur durch diese eine kleine Bewegung, kann es nicht anders, als größer zu werden. Es wird drängender. Mit ganzer Kraft sucht es nach einer Antwort, die den Fragenden unweigerlich zu ihm führt.

So war es auch diesmal. Was der Beduine eben noch als die Regung eines kleinen Sandkorns am Horizont wahrgenommen hatte, näherte sich ihm. Ein Schatten war in der Ferne aufgetaucht. Es war ein freundlicher und heller Schatten. Aus seinen Umrissen formte sich mehr und mehr eine Person, je näher sie auf den Beduinen zuging.

In Lak'ech kannte keine Zeit. Es gab sie nicht an diesem Ort. Jedem Besucher, der verwundert darauf zu sprechen kam, erklärte der Beduine freundlich, dass dieser Ort von der Illusion der Zeit befreit sei. So wie der Ort auch von der Illusion von Raum befreit war. Und so kam es, dass der Mann, den der Beduine seit der ersten Bewegung im Sand erwartet hatte, plötzlich unmittelbar vor ihm stand.

»Schön, dich wiederzusehen«, begrüßte ihn der Beduine freundlich. »Mir scheint, als sei es erst gestern gewesen, dass wir uns gesehen haben.« Unweigerlich musste er bei seiner Bemerkung über das Gestern schmunzeln. Verwundert sah ihn der Mann an. »Wie bin ich hierhergekommen?«, wollte er wissen. »Das fragst du jedes Mal«, entgegnete ihm der Beduine und lächelte sanft. Der Mann verstand nicht. »War ich denn schon einmal hier?«, fragte er den Beduinen, denn er konnte sich nicht erinnern.

»Es mag für dich schwer zu verstehen sein, aber hier gibt es keine Zeit. Daher warst, bist und wirst du immer hier sein, außer, wenn du nicht hier bist«, war die Antwort, die In Lak'ech als einzige geben konnte. Der Mann war verwirrt. Der Beduine konnte es sehen. *Es fühlt sich immer so an, wenn sie bewusst hier sind*, dachte er bei sich und beschloss doch, dem Mann bei der Gewöhnung an diese Umgebung ein wenig zu helfen. »Versuche erst gar nicht, es mit dem zu begreifen, was du Verstand nennst. Der einfachste Weg ist es, zu fühlen, dass du hier bist und dass es richtig ist in diesem Augenblick.« Obwohl der Mann immer noch nicht verstand, hatten diese Worte doch eine beruhigende Wirkung auf ihn. Seine Verwirrung ließ etwas nach, als er seinen Geist nicht mehr darauf ausrichtete, zu verstehen, wie er hierhergekommen war. Er akzeptierte, dass er hier war, inmitten einer Wüste, vor diesem Beduinen, ohne eine Ahnung von Anfang oder Ende und ohne dass er wusste, was er hier sollte.

»Wollen wir beginnen?«, fragte der Beduine sanft. »Womit beginnen?«, fragte der Mann. Der Beduine bedeutete ihm, sich zu setzen. Der Mann sah schemenhaft vor sich einen breiten und flachen Gegenstand, der auf einem kleinen Tisch lag und sich ganz über diesen erstreckte. Ein kostbares verziertes Tuch deckte ihn ab, sodass er nicht genau wusste, was sich darunter befand. Der Beduine legte seine Hand auf das Tuch. »Womit beginnen?«, wiederholte er die Frage des Mannes. »Ich denke, mit der Beantwortung der Frage, deretwegen du hierhergekommen bist.« Der Mann blickte ihn verwundert an. Ja, da war etwas. Da war eine Ahnung davon, dass es eine wichtige Frage gegeben hatte. Eine Frage, die er sich erst kürzlich gestellt hatte. Eine Frage, die vorher völlig verborgen in seinem Leben auf ihn gewartet hatte und nun von umso drängenderer Wichtigkeit war. Er war sich nicht sicher, ob er sich gerade an sie erinnerte oder ob es der Beduine war, den er sie sagen hörte. Aber mit dem Satz, den der Beduine nun sprach, war sie wieder in seine Wirklichkeit getreten. »Die Frage nach dem Sinn deines Lebens. Die Frage, wozu du eigentlich auf der Welt bist. Die Frage, deren Beantwortung dir wieder Orientierung geben soll.« Der Beduine sah in die Augen des Mannes und wusste, dass dieser sich jetzt erinnerte.

»Also, wollen wir beginnen?«, fragte der Beduine erneut und deutete auf den Gegenstand, der verdeckt vor ihnen lag. »Ich bin sicher, dieses Mal kommst du der Antwort ein ganzes Stück näher, mein lieber Ala K'in.« Der Mann horchte auf. Es war das erste Mal, dass der Beduine ihn bei einem Namen nannte. *Aber das ist doch gar nicht mein Name,* dachte der Mann noch, während er sah, dass der Beduine das Tuch langsam beiseite zog.

Verwundert sah der Mann auf den Gegenstand, der darunter zum Vorschein kam. »Es ist ein Gedankenspiegel.« In Lak'ech sah den Mann fest an. »Deshalb bist du hier.« Der Mann verstand nicht. Ein seltsames Gefühl breitete sich in ihm aus. Er hatte nicht gewagt, sich länger in dem Spiegel zu betrachten. Er konnte nicht sagen, warum nicht. Nur kurz hatte er zu dem Gegenstand geschaut und ihn als das erkannt, was er war. Der Spiegel war in einem wunderschönen Rahmen mit reichlichen Verzierungen eingefasst. Sie gaben ihm den Anschein von etwas Kostbarem und doch Schlichtem zugleich. Es war ein Spiegel, wie ihn jeder bei sich haben konnte, vollkommen gewöhnlich in seiner Art, ja beinahe unauffällig. Dennoch, dachte der Mann bei sich, ging von dem Spiegel eine Seltenheit aus, die durch die Ornamente und Muster erzeugt wurde, die sich um die Spiegelfläche rankten. Er versuchte, sie näher zu betrachten. Das Wunderliche war, dass diese Ornamente eine Sprache zu sprechen schienen. Dabei breiteten sie sich aus und begannen, um die Spiegelfläche größer zu werden. Zeichen wurden sichtbar, Schriftzeichen. Es waren Worte, alte Weisheiten, die sich ausbreiteten und hineinrankten in das Leben. Sie tasteten sich nach allen Seiten vor, als wollten sie die Ohren des Mannes erreichen. »Schau uns an, Ala K'in«, flüsterten sie. Schnell wandte Ala K'in seinen Blick von dem Spiegel ab.

»Jetzt erinnerst du dich also an deinen Namen«, lächelte der Beduine ihn an. Das seltsame Gefühl, das sich in Ala K'in seit dem ersten flüchtigen Betrachten des Spiegels ausgebreitet hatte, linderte seine Verwirrung und führte zu einer wohligen Entspannung. War er eben noch verstört, wie er hierhergekommen war, empfand er nun vollkommene Ruhe und Frieden bei der Vorstellung, einfach hier zu sein. Er wusste zwar immer noch nicht, woher er kam, aber das störte ihn nicht. Genauso wenig war wichtig, was sein würde und was er hier machen sollte an diesem seltsamen Ort. Wichtig war nur dieser Augenblick. Genau dieser, in dem er sich gerade befand. Zeitlos. Raumlos. Genauso, wie der Beduine In Lak'ech es ihm gesagt hatte.

»Mein Name ist so, wie du mich nennst«, hörte er sich zu dem Beduinen sprechen. Denn auch mit seinem Namen hatte Ala K'in Frieden geschlossen. Die vollkommene Ruhe, die er nun empfand, ließ ihn das annehmen, was ihm hier gegeben wurde. Tief im Inneren spürte er, dass sein Name, dass Namen überhaupt und das Benennen von Dingen bedeutungslos waren. Wenn überhaupt, so schien es ihm, verfestigten sie sich, wurden zu Stein und mussten früher oder später zerfallen. Das Benennen reißt die Dinge heraus aus dem glückseligen Zustand des Seins, aus dem einzigen Augenblick, den es wirklich gibt. Aus dem Augenblick, in dem sich Ala K'in gerade befand.

»Du hast viel gelernt seit dem letzten Mal«, sagte In

Lak'ech nicht ohne etwas Stolz, als er Ala K'in in seinen Gedanken betrachtete. »Bewahre dir diese Erkenntnis.« Ala K'in schaute verwundert. »Welche Erkenntnis?« Gutmütig schaute ihn der Beduine an: »Dass es nur diesen Augenblick gibt, in dem du dich gerade befindest. Dass er der einzige ist, der zählt. Der Augenblick im Hier und Jetzt, der gemacht wurde, damit sich dein Hier und Jetzt auflösen kann.« Ala K'in wusste nicht, wozu eine solche Erkenntnis nützlich sein sollte. Dennoch sah er dem Beduinen an, dass In Lak'ech das, was er gerade gesagt hatte, ihm zum Geschenk machen wollte. Vielleicht zu einer Waffe, einem Schutzmantel oder zu einem Zauberspruch, um ihn vor Bösem zu bewahren.

»Wie finde ich den Sinn meiner Existenz?«, fragte Ala K'in nach einer Weile. Der Beduine betrachtete weiter die Wüste. »Dieser Ort erlegt dir Prüfungen auf«, erwiderte In Lak'ech sanft und ruhig. »Wenn du sie bestehst, wirst du den Sinn deiner Existenz erkennen.« Schweigend saßen sie da und betrachteten die Wüste. »Du sagst, wir haben das schon oft gemacht?«, fragte Ala K'in nach einer Weile. »Ja, mein lieber Ala K'in, wir haben das schon oft gemacht«, wiederholte der Beduine. »Mit welchem Ergebnis?« Der Beduine schaute ihn ein wenig verschmitzt an. »Immer mit einem anderen.« »Das heißt, ich habe die Prüfungen schon einmal bestanden?«, wollte Ala K'in jetzt wissen. »Manchmal ja, manchmal nein. Das eine Mal hast du den Sinn des Lebens gefunden, das andere Mal hast du nicht einmal danach gesucht.« Ala K'in verstand nicht. »Wie kann das sein?« »Nun, es ist eben immer anders. Das Leben ist immer anders.« Daraufhin legte der Beduine eine Pause ein, bevor er fortfuhr. »Aber jedes Mal, wenn du hierherkommst, kann sich dir der Sinn deiner Existenz offenbaren.« Er horchte ein wenig in sich hinein. »Und ich habe ein gutes Gefühl, dass du diesmal so weit kommst wie nie zuvor.« Er schaute Ala K'in freundlich an. »Wollen wir es versuchen?«, fragte der Beduine geduldig.

Ala K'in schwieg für einen Moment. Er dachte ein wenig über das nach, was ihm der Beduine gesagt hatte. Wenngleich er nicht sicher war, ob er alles verstanden hatte, breitete sich doch ein winziger Rest von dem wohligen Gefühl aus, das ihm der flüchtige Blick in den Spiegel beschert hatte, und legte sich über seine Zweifel. Mit einer zufriedenen Sicherheit, die er aus dem Augenblick nahm, fragte Ala K'in schließlich den Beduinen: »Was muss ich tun?«

»Du musst dir Gedanken machen«, sagte In Lak'ech mit einer hellen und freundlichen Stimme und deutete auf den Spiegel. Als Ala K'in hineinsah, blickte er auf etwas, das ihm ganz und gar sonderbar erschien. Es war das Bild von einem Jungen, der auf einem Esel ritt.

Kapitel 4

Tom schreckte hoch. Aufrecht saß er in seinem Bett und hatte Mühe, sich zu orientieren. Draußen tobte ein Unwetter und langsam erinnerte er sich, wo er war. Er war immer noch in Nepanthé, dem Ort ohne Sorge. Nach der merkwürdigen Unterhaltung mit der Alten hatte er sich ein Zimmer geben lassen und war in sein Bett gefallen. Der Trank hatte ihn schläfrig gemacht. *War das ein Traum gewesen?* Er war noch zu benommen, um sich ganz zu erinnern, als plötzlich ein Blitz von draußen das Zimmer erleuchtete. Tom sah sich kurz in einem Spiegel, der gegenüber dem Bett hing. Er erschrak. Jetzt erinnerte er sich. Er hatte tatsächlich geträumt. Seit Jahrzehnten hatte er das erste Mal wieder geträumt. Genau so, wie es die Alte gesagt hatte. Als er noch darüber nachdachte, was das alles zu bedeuten hatte, übermannte ihn wieder die Müdigkeit und er fiel in einen tiefen und ruhigen Schlaf.

Als er am nächsten Morgen erwachte, schien die Sonne. Die Vögel zwitscherten und Tom hatte das Gefühl, am friedlichsten Ort zu sein, den man sich auf der

Welt vorstellen konnte. Als er nach unten in den großen Raum mit dem Feuerkessel ging, fühlte er sich so ausgeruht wie noch nie zuvor in seinem Leben.

Einige der anderen Gäste waren bereits da und frühstückten. Tom ging wieder zu seinem Tisch. Das Feuer war inzwischen erloschen, aber die Sonnenstrahlen, die von außen durch die Fenster in den Raum fielen, spendeten ausreichend Wärme. Der Raum wirkte gar nicht mehr so verwunschen wie am Vorabend. Dafür strahlte er einen Frieden aus, der sich auf Tom übertrug. *Die Alte hatte recht gehabt. Dieser Ort lässt die Sorgen von einem abfallen.*

Wieder wurden die Speisen und Getränke wie von selbst gebracht. Tom freute sich, als er sah, was es alles gab: frische Eier mit knusprigem Speck, goldgelben Toast, dazu ein Omelett mit Schinken, Paprika und Pilzen. Außerdem noch Waffeln mit Honig und Früchten, ebenso einen frischen Orangensaft und heißen Kaffee. *Wer soll das alles essen?*, dachte Tom begeistert und stellte fest, dass sein Appetit dafür ausreiche. Während er frühstückte, dachte er wieder an seinen Traum. Es war ein merkwürdiger Traum. Tom war sich nicht sicher, ob es überhaupt ein Traum gewesen war. Denn er hatte vergessen, wie sich träumen anfühlte. *Dabei müssen wir wohl träumen, um leben zu können*, dachte er plötzlich. *Der Lebensweg erschließt sich einem nur in den Träumen.* Er wunderte sich selbst etwas über diese Gedanken. War das eine Erkenntnis aus der letzten Nacht? Tom vermochte es nicht zu sagen. Für den Moment genügte ihm, dass er die Welt hier und jetzt etwas friedlicher wahrnahm. Zu Hause war das noch ganz anders gewesen. Dort hatte er nur seine Arbeit gekannt. Es war keine schlechte Arbeit. Sie sicherte seine Existenz. Genau genommen hatte Tom nie viel über sie nachgedacht. In normalen Zeiten gehörte sie zu seinem Leben, wie die Wohnung, in der er lebte, wie die Stadt, in der er wohnte und wie all die anderen Dinge, die er in seinem Leben tat. Aber seit dem Tod seines Vaters waren die Zeiten nicht mehr normal. So wie die Normalität aus seinem Alltag gefallen war, so konnten ihm auch die Arbeit und alles andere keinen Halt mehr geben. Gerade in dem Moment, als er Halt am dringendsten brauchte. Damit hatte es angefangen, damit war alles ins Rutschen gekommen. Mit einem Gedanken, der plötzlich in sein Leben trat. In dem Moment, in dem sein Vater starb, erinnerte eine tiefe, innere Stimme Tom daran, dass das Leben endlich war. Sie flüsterte es in sein Ohr, wurde zu seinem täglichen Begleiter, und von Tag zu Tag und Mal zu Mal zeigte sie ihm, wie sein Leben wirklich war. Je mehr sie ihm zeigte, desto schlimmer wurde es. Was er gestern noch geräuschlos tat, verlangte heute nach Erfüllung. Was er bislang gedankenlos gemacht hatte, fragte nun nach einem Sinn. Für den Versuch, etwas Zauber in seinem Leben zu finden, blieb ihm nur der grüne Stein und mit ihm die Erinnerung an seinen Vater. Es war die Gewissheit, dass dieser Zauber längst vergangen war und nie mehr wiederkehren würde, die sein altes Leben langsam zerfraß. So sehr, dass er schließlich fliehen musste. Es war Nepanthé, dieser Ort ohne Sorge, an dem er das erste Mal seit langer Zeit wieder Frieden verspürte.

»Habe ich zu viel versprochen?« Mit einem gutmütigen Lächeln stand das Mütterchen an seiner Seite. Sie sah heute ganz anders aus. Nicht mehr wie eine kleine knorrige Zauberhexe in ihrer verwunschenen Herberge, sondern wie eine zierliche, alte Fee, die mit ihrem Zauberstab die Lichtstrahlen der Sonne erscheinen ließ und Wünsche erfüllen konnte. Tom war froh, sie so wiederzusehen, und fühlte eine innere Verbundenheit. So fragte er sie auch gleich, was es mit seinem Traum auf sich habe. »Ich kann dir nur die Sorgen nehmen«, schaute sie ihn lächelnd an. »Deine Träume kann ich nicht deuten.«

Sie war schon eine Weile gegangen, da kam der Wirt an seinen Tisch. Tom war er bislang kaum aufgefallen. Er hatte ihm am Vorabend sein Zimmer zugewiesen und sich den Aufenthalt im Voraus bezahlen lassen. Als er an seinem Tisch stand, flüsterte er Tom zu: »Es gibt einen Traumdeuter, nicht weit von hier. Er kann dir helfen, deinen Traum zu verstehen.«

Kapitel 5

Der Weg führte ihn noch höher in die Berge. Der Wirt hatte ihm gezeigt, wo nicht unweit der Hütte der Aufstieg begann. »Der Traumdeuter lebt schon seit vielen Jahren dort oben. Länger, als es diesen Ort gibt«, hatte der Wirt ihm gesagt. »Er wird gewusst haben, dass irgendwann die Träume hierherkommen. Deshalb war er schon da, noch bevor es Nepanthé gab.« Wie er sich sicher sei, dass der Traumdeuter auch könne, was er behauptete, wollte Tom wissen. »Weil er meinen Traum gedeutet hat«, hatte der Wirt Tom geantwortet. »Ohne den Traumdeuter gäbe es Nepanthé nicht.«

Es dauerte eine Weile, bis Tom ganz oben angekommen war. Der Weg war steil und beschwerlich, und Tom dachte fortwährend an seinen Traum. In einer zeitlosen Wüste war er einem Beduinen begegnet. Dieser hatte Tom versprochen, ihm den Sinn seiner Existenz zu offenbaren. Er hatte ihn bei einem seltsamen Namen gerufen und von Prüfungen gesprochen, die Tom zu erfüllen habe, wenn sich sein Lebenssinn offenbaren sollte. Noch bevor er beginnen konnte, war er aufgewacht.

Aber da war noch etwas. Das Bild eines kleinen Jungen auf einem Esel in einem Gedankenspiegel, wie der Beduine diesen Gegenstand genannt hatte. »Du musst dir Gedanken machen«, waren die letzten Worte des Beduinen, an die Tom sich erinnerte. Was für ein merkwürdiger Traum. Tom konnte sich keinen rechten Reim darauf machen. Er hatte gezögert, als der Wirt ihm von dem Traumdeuter erzählt hatte. Wollte er wirklich eine Erklärung? Aber der Wirt hatte ihm erzählt, dass es zwei Gruppen von Menschen gab, die nach Nepanthé kamen. Die einen verbrachten dort eine kurze Zeit und träumten. Sie genossen den inneren Frieden, den ihnen der Ort schenkte. Sie erfreuten sich an ihren Träumen, die sie doch nicht so recht zu deuten wussten. Irgendwann verließen sie Nepanthé wieder und mit dem Ort auch ihre Träume. Wie Kinder gingen sie zurück in ein Leben der Erwachsenen. »Bei einigen kommen die Sorgen wieder, bei anderen nicht. Aber alle vergessen mit der Zeit ihre Träume«, hatte der Wirt gesagt. »Was ihnen bleibt, ist ein Gefühl, das sie manchmal wehmütig macht. Dass es einmal einen Traum gab, dem sie hätten folgen sollen.« Als Tom nach der anderen Gruppe fragte, hatte der Wirt knapp gesagt: »Die gehen zum Traumdeuter.«

Der Traumdeuter stand auf einer Anhöhe, als Tom die letzten Meter des Weges zurückgelegt hatte. Tom erkannte ihn gleich, auch wenn er ihn noch nie zuvor gesehen hatte. Alles an ihm war weiß. Tom fragte sich, was ihn hierher in die Berge verschlagen haben könnte.

»Eure Träume«, hörte er die gewaltige Stimme des weisen, alten Mannes sagen, der nun unmittelbar vor ihm stand. »Die Kräfte, die in ihnen stecken, ziehen immer auch einen Traumdeuter an.« Tom wollte wissen, warum das so war, aber er wagte es nicht, eine Frage zu stellen. Er hatte großen Respekt vor diesem Mann. War die kleine, mütterliche Alte wie die warme Erde gewesen, die Tom festen Grund unter seinen Füßen gab, so fand er sich hier jemandem gegenüber, der den Himmel zu bewachen schien und nur denjenigen den Weg wies, die sich als würdig erwiesen. *Dazu gehöre ich ganz sicher nicht*, dachte Tom. Aber er hatte gut daran getan zu schweigen, denn der Traumdeuter sprach noch weiter. »Diese Kräfte wollen entfesselt werden. Allerdings verstehen die meisten Menschen nicht, wie sie das bewerkstelligen können. Sie wissen besser, wie sie ihre Träume einsperren.«

»Wenn ich überhaupt wüsste, was mein Traum mir sagen will«, entfuhr es Tom mit einem Mal. Der Traumdeuter schaute ihn mit strengem Blick an. Dann schwieg er eine Weile. »Wie kannst du es nicht wissen, wenn er es doch schon weiß?«, sagte er plötzlich und deutete auf etwas in Toms Tasche. Tom schaute einen Moment verwundert, dann tastete er seinen Mantel ab und zuckte zusammen. *Das konnte dieser Mann unmöglich wissen.* Er griff unweigerlich in seine Tasche und hielt die kleine Schachtel mit seinem Herzensstein fest, die er nach der Fahrt im Auto in seine Jacke gesteckt und die ganze Zeit bei sich getragen hatte. *Sicher hat er gesehen, dass ich einen Gegenstand bei mir trage. Die Ausbeulung meiner Manteltasche hat es ihm bestimmt verraten.* Tom wurde misstrauisch. *Vielleicht steckte er mit dem Wirt unter einer Decke.* Dem war vermutlich am Vorabend die kleine Schachtel aufgefallen, die Tom wie sein Augapfel hütete. Möglicherweise hatte der Wirt einen Schatz darin vermutet und nun Tom hier in die Berge gelockt, damit dieser Mann sie ihm abnehmen konnte. *Bestimmt will er mich reinlegen.*

Aber der Weise sagte nur: »Du musst deinen grünen Stein in Ehren halten. Denn er weiß bereits, wohin dein Weg dich führt. Er hat dich hierhergebracht und er wird dich weiter führen. Jetzt komm mit.« Daraufhin wandte er sich ab und ging zu einer alten Zypresse, die an einem Felsvorsprung wuchs. Tom schossen die Gedanken durch den Kopf, als er dem Traumdeuter langsam folgte. *Woher wusste er nur von meinem Stein?* Tom hatte die Schachtel nicht mehr geöffnet, seit er sie neben dem Totenbett seines Vaters gefunden hatte. »Für Tom« hatte in der Handschrift seines Vaters auf dem kleinen Zettel gestanden, der an der Schachtel lehnte. Sein Vater musste sie ihm hingestellt haben, als er ahnte, dass es mit ihm langsam zu Ende ging. Tom hatte sie geöffnet und war in Tränen ausgebrochen, als er den Kristall sah. All die Erinnerungen an seine Kindheit, alles, was er mit seinem Vater verband, der ihm versucht hatte, Vater und Mutter zugleich zu sein, weil es sonst niemanden gab. All die Geschichten und Wunder aus einer längst vergangenen Zeit kristallisierten sich mit einem Mal mit ihren Bildern aus diesem kleinen grünen Stein heraus. Es war dieser Moment, als Toms Welt zusammenbrach. Während er die Schachtel mit dem Kristall in den Händen hielt, fühlte er, wie alles um ihn herum einstürzte. Die gesamte Fassade seines bisherigen Lebens begann wegzubrechen. Es war eine Kulisse, in der er sich sicher bewegt hatte, bis dieser kleine Windhauch, der beim Öffnen aus der Schachtel stieß, alles in sich zusammenfallen ließ. Zurück blieb nur blanke Orientierungslosigkeit. Tom wusste nicht mehr wohin mit sich und seinem Leben. Bis er hierhergekommen war. Der Traumdeuter hatte also bereits recht gehabt. Sein Stein hatte ihn hierhergeführt. *Wie konnte er nur all das wissen?*

»Setz dich in den Schatten des Baumes«, sagte der Traumdeuter und zeigte auf die alte Zypresse. »Ich muss dem Wind lauschen.« Tom setzte sich und wusste nicht recht, was er nun tun sollte. Er hatte diesem Mann ja noch nicht einmal von seinem Traum erzählt. Oder kannte er diesen bereits, so wie er ja auch gewusst hatte, dass Tom seinen Herzensstein bei sich trug?

»Erzähl mir von deinem Traum«, forderte der Alte ihn da schon auf. Tom erzählte von der Wüste und von dem Beduinen. Er berichtete von den angekündigten Prüfungen und der Offenbarung des Lebenssinns. Er sprach vom Gedankenspiegel und was er darin gesehen hatte. Und er wiederholte die Aufforderung des Beduinen: »Du musst dir Gedanken machen.« Als er mit seinen Ausführungen fertig war, sah ihn der Traumdeuter eine Weile schweigsam an. Der Wind blies in dieser Höhe gleichmäßig, und ein leichtes Rauschen war in der Zypresse zu hören.

»Kannst du meinen Traum deuten?«, wollte Tom wissen. Wieder schwieg der Weise eine ganze Weile. Dann sagte er: »Es ist ein besonders schwieriger Traum. Die meisten Träume hingegen sind einfach. Sie sind einfach, weil sie in sich geschlossen sind und eine klare Botschaft vermitteln. Dein Traum aber ist noch nicht fertig geträumt. Er hat dir noch nicht alles offenbart, was du wissen musst. Es ist ein unfertiger Traum und die kommen äußerst selten vor.« Tom dachte über das nach, was er gehört hatte. »Dann kannst du mir nicht helfen?«, fragte er verunsichert. Er fühlte Mutlosigkeit in sich aufsteigen. *Wenn meine Träume schon so kompliziert sind, wie soll ich dann erst meinen Lebenssinn finden?* »Wir müssen zunächst über meine Bezahlung sprechen«, sagte der alte Mann plötzlich etwas ernster. Tom fiel ein, dass er ja noch gar nicht mit dem Traumdeuter über den Lohn für seine Dienste geredet hatte. Aber die Art, wie der Mann es sagte, machte Tom wieder misstrauisch. *Bestimmt will er meinen Stein. Wie auch immer er ihn entdeckt hat, er vermutet wohl einen hohen Wert in ihm. Vielleicht war es wirklich ein antiker Kristall, wie Vater immer behauptet hatte.* »Was willst du?«, fragte Tom den Weisen. Mit ernster Miene schaute er den Traumdeuter an.

Aber dieser lächelte nur, bevor er sprach: »Das weiß ich noch nicht. Aber wenn dein Traum zu Ende geträumt ist, werde ich es dir sagen. Was immer es ist, das ich dann verlange, du musst schwören, es mir zu geben.« Tom zögerte einen Moment. »Und wenn ich keine weiteren Träume habe?«, fragte er schließlich. »Dann bleibe ich ohne Entlohnung und du ein ewig Suchender«, antwortete der Traumdeuter knapp.

Nun hat er sich selbst ausgetrickst, dachte Tom. *Wenn mir nicht gefällt, was er sagt, und ich nicht weiter träume, brauche ich ihm nichts zu geben. Selbst wenn ich noch mal einen Traum haben sollte, müsste ich nicht zu ihm zurückkehren und ihm davon erzählen. Was habe ich also zu verlieren?* Der weise Traumdeuter beobachtete Tom und sah seine Gedanken. *Er trägt immer noch viel Misstrauen aus seiner alten Welt in sich*, dachte er bei dem, was er sah. *Das wird eine schwierige Reise für ihn werden.* Er hielt einen Moment inne. *Das ist immer so, wenn eine Reise mit dem Tod beginnt. Wenn der Tod einen auf den Weg schickt, wird auch er noch einmal kommen und seine Entlohnung dafür einfordern.* Aber davon erzählte er dem Jungen lieber nichts. *Es ist manchmal besser, wenn wir nicht alles wissen, was auf einer Reise passieren wird*, dachte der Traumdeuter. *Sonst würden wir sie vielleicht gar nicht erst antreten. Selbst wenn sie uns am Ende ans Ziel führt.*

»Einverstanden«, sagte Tom zu dem alten Mann. »Erzähle mir nun, was mein Traum zu bedeuten hat.« »Du musst erst schwören«, forderte der Traumdeuter, und

Tom schwor beim Gedenken an seinen Vater. Der Traumdeuter schwieg und betrachtete wieder die Zypresse. Der Wind hatte ein wenig nachgelassen und aus dem Rauschen war nur ein zartes Flüstern geworden. Kaum hörbar, aber umso deutlicher konnte der weise Mann nun die Botschaft vernehmen, die der Wind ihm erzählte. Er lauschte und lächelte. Die Worte, die Tom bei der Erzählung seines Traums gebraucht hatte, kamen wieder hervor. Der Wind hatte sie aufbewahrt und säuselte sie nun erneut in das Ohr des Traumdeuters. Immer leiser wurde der Wind, und bald waren nur noch wenige Worte übrig. Ein leiser Satz war es, den der Traumdeuter noch hörte, bevor der Wind aufhörte zu wehen. Eine letzte Abfolge von Worten, die in seinem Kopf widerhallten wie ein leises Echo in den Bergen. »Ich weiß nun, was dein Traum dir sagen will«, sagte er dann. Tom schaute den Traumdeuter erwartungsvoll an.

»Sei gewarnt.« Tief blickte der Traumdeuter Tom in die Augen. »Dein Traum ist erst der Beginn einer langen Reise. Bei dem, was ich dir nun sage, bedenke immer, dass es nur ein erster Schritt auf deinem Lebensweg ist.« Tom nickte. »Vor allem folge nicht den Träumen anderer.« Tom verstand nicht recht. Schließlich kannte er doch keine anderen Träume. »Bei einem unfertigen Traum, der noch nicht zu Ende geträumt ist, passiert es leicht, dass einen die Ungeduld leitet«, fuhr der alte Mann fort. »Ohne dass du dir dessen bewusst bist, folgst

du so schnell den falschen Träumen. Du hältst den Traum eines anderen für deinen eigenen Traum. Und ehe du dich versiehst, lebst du ein falsches Leben. Der fremde Traum führt dich weit weg von deinem eigenen Lebensweg.« Der Alte machte eine Pause. Er wartete, denn er hoffte immer noch, Tom würde sich seine Warnung merken: »Träume können trügerisch sein. Wenn du sie nicht zu deuten weißt, führen sie dich ins Verderben.«

Tom hatte wiederholt genickt. Nun war ihm klar, dass es dem Alten mit dieser Warnung nur darum ging, Tom von seinen Deutungen abhängig zu machen. Wahrscheinlich war alles viel einfacher, als der Alte es mit seinem mystischen Gehabe Tom glauben machen wollte. »Wie lautet nun also die Botschaft meines Traums?«, fragte er ungeduldig. Der Traumdeuter wartete noch einen Moment, ehe er antwortete.

»Du musst dir Gedanken machen«, sagte der weise Mann schließlich. »Das ist die Botschaft deines Traums.« Tom verstand nicht recht. »Welche Gedanken soll ich mir machen?«, fragte er verwirrt. »Das weiß ich nicht. Darauf musst du selbst kommen«, sagte der Alte kurz. »Nun geh und mach, was dein Traum dir sagt.«

Tom war enttäuscht und vor den Kopf gestoßen. Dann wurde er ein wenig wütend. *Was sollte das denn für eine Deutung gewesen sein?*, dachte er und versuchte, sich ein wenig damit zu beruhigen, dass er immerhin nichts hatte dafür bezahlen müssen. »Darauf hätte ich auch selbst kommen können«, warf er dem Alten vor. »Bist du aber nicht. Schließlich bist du kein Traumdeuter«, erwiderte dieser. Damit erhob sich der Alte und ging wieder zu der Anhöhe zurück, von der er gekommen war. Er hatte genug Zeit mit diesem Jungen verschwendet. Vermutlich würde er ihn nie wiedersehen, wie die meisten, die ihre Träume schon nach wenigen Tagen wieder begruben, selbst wenn sie zuvor noch gewusst hatten, dass das Leben aus seinem tiefsten Inneren zu ihnen gesprochen hatte. *Dabei hat er bereits alles, was er wissen muss. Er hat den Kristall und damit den Zugang zur Weltenseele,* sprach der Traumdeuter zu sich und dachte an den grünen Smaragd, den der Junge bei sich trug.

Als Tom zurückgekehrt war und in sein Auto stieg, wusste er wieder, was er an seinem alten Leben hatte. *Nach all diesem Unfug werde ich einfach da weitermachen, wo ich vorher aufgehört habe,* dachte er bei sich. *Ich wusste schon, als ich hier ankam, dass diese Zeit mir nichts bringen würde.* Der Wirt hatte ihm noch erklärt, wie er zu einer nahe gelegenen Tankstelle käme. Dieser hatte nicht mehr nach dem Traumdeuter gefragt. Wahrscheinlich wusste er, dass die meisten Menschen nicht gerne über die Botschaften sprachen, die sie von ihm hörten. Das konnte Tom nun allzu gut nachvollziehen.

Als Tom wieder die Hauptstraße erreichte, dachte er an sein Zuhause. Er wünschte sich nichts sehnlicher, als in seine alte Welt zurückzukehren. Auch wenn er innerlich wusste, dass es sie so nicht mehr gab. Daran erinnerte ihn immer noch die kleine Schachtel, die nun wieder auf seinem Beifahrersitz lag.

Kapitel 6

Schon auf der Hauptstraße machte Tom sich Gedanken. Was er in dieser kurzen Zeit erlebt hatte, ließ ihn nicht mehr los. Zwar hatte er sich immer noch ein wenig über den Traumdeuter geärgert, aber bald schon begriff er, dass dieser im Grunde ja recht hatte. Die Botschaft des Traums war so einfach. War er nicht selbst schuld, dass er sie übersehen hatte? »Du musst dir Gedanken machen.« *Manchmal sind es die einfachen Dinge im Leben, die wir verlernt haben zu sehen. Deshalb ziehen wir auch aus unseren Träumen keinen Nutzen mehr*, dachte Tom und wunderte sich wieder über seine Gedanken. »Du musst dir Gedanken machen.« Das war die Botschaft, und mit einem Mal stellte er fest, dass sie richtig war.

Diese Einsicht besserte seine Laune, und schon bald fing er an, die Dinge aus einer anderen Perspektive zu betrachten. *Lag nicht vielleicht gar ein guter Zauber auf diesem Ort? Vielleicht sogar einer, der sich über die gesamte Gegend erstreckte?* Zunächst hatte er sich nichts dabei gedacht, als er ausgerechnet in das schöne Andalusien gefahren war, um von seinem Leben zu Hause Abstand zu gewinnen. Aber gab es nicht doch einen bestimmten Grund dafür, gerade in diese Gegend zu kommen? Tom erinnerte sich, dass sein Vater oft mit ihm hierhergefahren war, als er noch ein kleiner Junge war. Eine Reihe schöner Erinnerungen verband er mit diesem Land. Es waren auch Erinnerungen an seinen Vater.

Vielleicht sollte ich die Gelegenheit nutzen und diese Gegend doch noch ein wenig mehr erkunden, dachte Tom. Er sah zu der Schachtel auf dem Beifahrersitz herüber. *Als ob mein Vater mit dabei wäre.* Diesmal lächelte er. »Wo sollen wir hinfahren?«, fragte er laut und musste ein wenig über sich selbst lachen.

Drei Monate blieb Tom in Andalusien. Er hatte viele Orte gesehen. Es waren einige darunter, von denen er glaubte, sie aus seiner Kindheit zu kennen. Andere waren ihm gänzlich neu. Aber über allem lag ein Zauber. Seit er den Entschluss gefasst hatte, doch noch nicht nach Hause zurückzukehren, fühlte er sich merklich besser. Er hatte auch versucht, sich weiter Gedanken zu machen, aber das hatte keine neuen Erkenntnisse gebracht. *Man darf nichts erzwingen*, sagte er sich, und ein Ausspruch seines Vaters kam ihm in den Sinn: *Geduld bringt Rosen.*

Es war an einem seiner letzten Tage, als er sie fand. Die Finca stand völlig abgelegen auf einem kleinen Hügel inmitten eines grünen Tals. Seit Jahren schien hier niemand mehr gewohnt zu haben. Dennoch machte das kleine Häuschen einen einladenden Eindruck. Ein winziger Fußweg führte von der Schotterstraße hinauf zu einem kleinen Platz, und von der kurzen Terrasse hatte man einen herrlichen Ausblick über die gesamte Gegend. Tom schien es, als ob er von hier oben noch einmal all die Orte sehen konnte, die er in den letzten Wochen bereist hatte. Eigentlich war er nur zum Abschiednehmen heraufgekommen. Aber es sollte bald der eigentliche Beginn seiner langen Reise werden.

Auf der Straße war Tom die Idee dazu gekommen, als er von der Ferne das kleine unbewohnte Haus sah. Einen letzten Gruß wollte er von dort in das schöne Andalusien schicken. Er wollte das Bild dieser Landschaft, das sich von der Finca aus bieten musste, in seinem Herzen mit nach Hause nehmen. Er hatte seinen kleinen Stein befragt und war hin- und hergerissen. An der Zugangsstraße, die bereits auf dem Grundstück lag, empfing ihn ein Schild mit der klaren Botschaft, das Land nicht unbefugt zu betreten. Ratlos stand Tom eine Weile davor. Die Finca lag von dort aus noch gut ein, zwei Kilometer entfernt. Das Grundstück musste riesig sein. Andererseits sah die gesamte Gegend ziemlich verlassen aus. In diesem Tal lagen die Parzellen kilometerweit auseinander, und das letzte bewohnte Haus hatte er von der Straße aus vor gut einer halben Stunde gesehen. Niemand würde ihn bemerken. Aber Tom war es in seinem Leben nicht gewohnt, etwas Verbotenes zu tun. So überlegte er hin und her, ob er trotz der Warnung das Grundstück betreten sollte. Plötzlich ertappte er sich dabei, dass er das erste Mal seit dem Tag, an dem er den Traumdeuter getroffen und den Entschluss gefasst hatte, seinen Aufenthalt hier zu verlängern, sich wieder ernstlich Gedanken über etwas machte. Die ganzen letzten Monate hatte er sich einfach treiben lassen. Es gab keine großen Entscheidungen zu treffen und keine Dinge zu beschließen. Nun aber stand er vor diesem Schild und machte sich Gedanken. *Konnte das ein Zeichen sein?* Bislang war ihm der Entschluss, von der Finca noch einen letzten Blick auf die Landschaft zu werfen, ziemlich unerheblich vorgekommen. Jetzt war es die erste Sache, die ihn zum Nachdenken brachte. *Würde er dort oben vielleicht wieder einen besonderen Ort finden? So wie er zu Beginn der Reise nach Nepanthé gekommen war? Würde er wieder etwas mitnehmen, was wichtig für sein Leben zu Hause war? In Nepanthé hatte er die Sorglosigkeit gewonnen. Was könnte er wohl hier gewinnen?* Tom erinnerte sich daran, wie er vor über drei Monaten hierhergekommen war. Die Orientierungslosigkeit, die er damals von zu Hause mitgebracht hatte, hatte sich inzwischen in Freiheit verwandelt. Es war die Freiheit, das Land ohne Plan und Ziel zu durchreisen. Nepanthé, der Traum und dessen Botschaft, hatten seine Perspektive auf die Dinge geändert. Er besaß jetzt wieder den Blick eines Kindes. Dieser Blick richtete sich ganz auf den Augenblick, auf die Schönheit der Natur, den Gesang der Vögel, die er jeden Morgen hörte, auf das Rauschen des Windes und auf die endlos weiten Landschaften. Es war ein Blick in die Ewigkeit. Es gab keine Vergangenheit und keine Zukunft. Es gab keine Zeit, die einen orientierungslos machte. Mit dem Verweilen im Augenblick wollte er noch einmal alles einfangen, was er in den letzten Wochen erlebt hatte. Der Ort dafür, das spürte Tom, war diese alte Finca auf dem Hügel inmitten des Tales.

Als Tom diesem Gedanken nachhing und sich zu fragen begann, was für eine Entscheidung er treffen sollte, sah er ein paar Schmetterlinge. Sie umkreisten das Schild und verschwanden dann den Hügel hinauf zur Finca. *Schmetterlinge bringen Glück*, hatte sein Vater stets gesagt. Er hatte es wohl in einem alten Buch gelesen und es seitdem Tom gegenüber bei jeder Gelegenheit erwähnt. Tom warf der kleinen Schachtel neben sich einen Blick zu, dann ließ er seinen Wagen an und fuhr an dem Schild vorbei, den Schmetterlingen nach.

Der Ausblick war gigantisch. Tom hatte es sich nicht annähernd so schön vorgestellt. Zuvor war er das Gelände ein wenig abgelaufen. Er hatte einen alten Stall entdeckt, in dem einmal Pferde untergebracht gewesen sein mussten. Ein alter Traktor rostete auf einem Weg, der um die Finca führte, vor sich hin. Von diesem Weg aus konnte man über die Wiese zu dem alten Anwesen gelangen. Tom entschloss sich dennoch, lieber den winzigen Sandpfad zu nehmen, der vorher mal eine kleine Steintreppe gewesen sein musste. Einige übrig gebliebene Quader, die wie verstreute Würfel den Pfad säumten, zeugten noch davon. Tom war froh über die Entscheidung, die frühere Steintreppe zu benutzen. So entging ihm nicht der leere Springbrunnen, der etwas unterhalb der Finca auf einem kleinen Platz stand. Dahinter befand sich sogar ein Schwimmbecken, das ganz mit Kies zugeschüttet war. Der Besitzer hatte es wohl nicht nutzen wollen und das Becken daher mit den Steinen aufgefüllt. Der ganze Platz bot Arbeit für ein Menschenleben. Tom erinnerte sich daran, wie er als Kind stundenlang darin versunken war, Dinge zu bauen, zu reparieren oder zu erfinden. *Das ist lange her,* dachte er mit einem wehmütigen Lächeln. Aber es war auch immer ein Abenteuer gewesen. Unwillkürlich musste er an den Tag denken, an dem er beinahe seine Hand verloren hätte. Er hatte den alten Rasenmäher repariert. Sein Vater hatte ihn gewähren lassen, weil seit Jahren jeder Versuch, das Gerät wieder instand zu setzen, gescheitert war. Seitdem stand der Mäher unbenutzt in dem alten Schuppen hinter dem Haus und rostete vor sich hin. Es war immer noch etwas Benzin im Tank. Tom hatte stundenlang vor den scharfen Rotorenblättern gehockt und seine Hand hineingesteckt, weil etwas zu klemmen schien. Er hatte sich nur kurz abgewendet, um nach einem Werkzeug zu suchen, da sprang die Maschine plötzlich wieder an. Seinem Vater hatte er nur stolz den intakten Rasenmäher gezeigt und sonst nichts weiter von dem Vorfall erzählt. Im Laufe der Jahre hatte er selbst schließlich die Geschichte vergessen. Geblieben aber war seine Leidenschaft für alles, was er mit

Werkzeugen bauen oder instand setzen konnte. In seiner Kindheit hatte diese Leidenschaft seinem Herzen eine unendliche Anzahl an zeitlosen Stunden beschert.

Als Tom schließlich oben auf der Terrasse stand, wusste er, wohin sein Traum ihn führen würde. Es stand auf einem kleinen weißen Zettel, der noch aus früheren Zeiten an der Hütte klebte. Die Finca stand zum Verkauf.

Kapitel 7

Schon lange saß der Traumdeuter vor seinem Feuer und schaute in die Flammen. Die Hasen, die er zuvor gefangen hatte, waren fast gebraten. Ihr Fett tropfte in die Glut und zischte. *Gedanken können uns in die Irre führen*, waren die ersten Worte, die ihm die Geräusche erzählten, die das schmelzende Fett hinterließ. Der Traumdeuter senkte bekümmert den Kopf. Er hatte gewusst, dass er dem Jungen noch würde helfen müssen. Daher war es ihm auch leichtgefallen, seine Bezahlung hinauszuschieben. Aber er hatte die Hoffnung gehegt, der Junge würde zunächst allein vorankommen. Schließlich besaß er den Smaragd. Aber was ihm die Flammen nun erzählten, ließ diesen Schluss nicht zu.

Kein Weg ist ohne Umwege, dachte der Traumdeuter und wunderte sich, wie er dies bei all seiner Erfahrung immer wieder vergessen konnte. Er hatte auch versäumt, dem Jungen von den Zeichen zu erzählen. Die Zeichen, die einem den Weg im Leben weisen konnten. Das war ein klares Versäumnis. Er hätte dem Jungen dann auch erzählt, dass die Zeichen manchmal trügerisch sein können und dass es eine Weile braucht, bis man sie versteht. Zumal, wenn man nie zuvor im Leben gelernt hatte, ihnen zu folgen. Wenn alles neu war auf dem Weg. Dass der Junge Nepanthé gefunden hatte, war Anfängerglück. Das Leben hält es immer bereit, wenn man sich auf den Weg macht. Anfängerglück hatte es gebraucht. Der Junge hatte zwar auch seinen Stein, aber dennoch vermochte dieser nur demjenigen zu helfen, der sein Herz gut kennt und dessen Stimme hören kann. Der Junge jedoch hatte lange nicht auf sein Herz gehört. Jedenfalls nicht, seit er erwachsen geworden war. *Seltsam*, dachte der Traumdeuter, *selbst wenn man einen so mächtigen Stein zum Gefährten hat wie er, muss jeder Mensch doch für sich selbst erst wieder lernen, die Magie des Universums zu entschlüsseln.*

Vielleicht hätte er den Jungen auch noch deutlicher davor warnen sollen, die Träume eines anderen zu träumen. Denn jeder hat seinen eigenen Traum. Er hätte es sicher getan, hätte er gewusst, dass der Wirt dem Jungen von seinem Traum erzählt hatte. Der Traum des Wirtes, der ihn bestimmt hatte, einen Ort zu errichten, an dem man sich nicht sorgen musste, war nicht der Traum des Jungen. Nepanthé war für den Wirt richtig. Es war sein Traum. Der Junge hingegen sollte einen Weg gehen und nicht sesshaft werden. Auch nicht an einem anderen Ort. *Ein Ortswechsel führt zu nichts.* Diesen Gedanken hatte er doch klar bei dem Jungen gelesen. *Warum machte er sich dann nicht auf den Weg?*

Weil jeder Weg seinen Umweg hat, knisterten die Flammen, und der Traumdeuter hatte ein Einsehen mit der tiefen Weisheit, die aus ihnen sprach. So erhob er sich rasch, nachdem er gegessen hatte, und verließ die Feuerstelle, deren Flammen inzwischen zu einer kalten Glut zusammengefallen waren. Er hatte keine Zeit zu verlieren. Seine Eile ließ keinen Umweg zu.

Kapitel 8

Nachdem Tom die Finca gefunden hatte, verwendete er nicht viel Zeit darauf, sich von seinem alten Leben zu verabschieden. Bereits in Spanien unterzeichnete er den Kaufvertrag für das gesamte Anwesen. Tom wollte ganz sicher sein, seinen Traum auch wirklich umzusetzen. Er fürchtete, er würde ihn wieder infrage stellen, wenn er erst einmal wieder zu Hause war. Der Alltag sollte seinem Traum nichts anhaben können. Tom hatte noch gut in Erinnerung, was ihm der Wirt über die eine Gruppe von Menschen erzählt hatte, die nach Nepanthé kamen. *Sie alle vergessen mit der Zeit ihre Träume. Was ihnen bleibt, ist ein Gefühl, das sie manchmal wehmütig macht. Dass es einmal einen Traum gab, dem sie hätten folgen sollen.* Zu dieser Gruppe würde Tom nicht gehören.

Nur kurz war er noch einmal nach Hause zurückgekehrt, um wenigstens die wichtigsten Dinge zu regeln. Dabei hatte er sein altes Leben noch einmal mit Abstand betrachten können. Es kam ihm vor wie ein Räderwerk, in dem er einst gefangen gewesen war. Auch die Menschen in seinem Umfeld hatte Tom beobachtet, wie sie ihren täglichen Routinen nachgingen. *Wie Zahnräder in einer Maschine*, dachte er bei sich. *Sie müssen jeden Tag funktionieren, damit die Maschine funktionieren kann. Einen anderen Zweck haben sie nicht. Diese Menschen suchen nicht nach dem Sinn ihrer Existenz. Diese Menschen funktionieren nur.* Er fragte sich nun, wie sie so gedankenlos ihren Alltagsbeschäftigungen nachgehen konnten. Er hatte diese Fähigkeit auch einmal besessen. Nun aber war sie unwiederbringlich verloren. Der Tod seines Vaters hatte ihm die Endlichkeit des Lebens so schmerzvoll vor Augen geführt. Dann dachte Tom daran, dass das Leben auch für diese Menschen irgendwann endete. *Sie funktionieren, bis sie ausgetauscht werden.* Denn auch das Leben eines Maschinenteils ist endlich.

Einige der wenigen Freunde, die ihm etwas näherstanden, hinterfragten natürlich seine Entscheidung. Tom konnte es in ihren Blicken sehen, denn kaum einer sagte wirklich etwas. *Sie haben sicher schon lange nicht mehr geträumt*, dachte Tom dann nur und ignorierte ihre Zweifel.

Nur der Anwalt seines Vaters, der den Nachlass verwaltete, fragte sehr ruhig, ob er sich nicht etwas mehr Zeit lassen wolle. Zumindest bis alles geregelt sei. Er hielt den Kauf der Finca für überstürzt und riskant. Denn Tom hatte noch nicht das Geld für den Kaufpreis zusammen, den er nun schuldete. Zuerst musste sein gesamtes Vermögen veräußert werden, damit Tom sich sein neues Leben leisten konnte.

Aber Tom hatte sich schon sein ganzes Leben lang Zeit gelassen. So empfand er es jedenfalls. Wieder fürchtete er, dass es ihm wie den Menschen aus Nepanthé ergehen könnte, die sich nicht weiter um die Bedeutung ihrer Träume kümmerten. Der Alltag sollte nicht von ihm Besitz ergreifen. Die Sehnsucht, ganz allein eine alte Finca wieder zu errichten und dabei wie ein Kind den Tag zu vergessen, wäre bald nur noch eine ferne Erinnerung. Und mit ihr auch sein Traum.

Wenn er dieses Geschenk, das ihm das Leben dort im fernen Andalusien gemacht hatte, annehmen wollte, dann durfte er nicht mehr wirklich nach Hause zurückkehren. Das hatte er in den letzten Monaten gespürt. Oder hatten seine Gedanken ihm das verraten?

»Eine schnelle Veräußerung von Vermögensgegenständen ist immer mit Risiken verbunden«, hatte der Anwalt eingewandt. Aber für Tom waren es Bedenken, für die Anwälte nun einmal bezahlt wurden. Sie sahen stets das Risiko im Leben. Tom wollte endlich die Chancen sehen. Mit dem Kaufvertrag hatte er sich unwiderruflich an die Finca gebunden. Er hatte seine Chance genutzt. Um den Kaufpreis zu bezahlen, würde der Anwalt sein Vermögen schon ausreichend veräußern können.

So saß er nur wenige Tage später wieder auf der Terrasse der Finca und betrachtete die untergehende Sonne Andalusiens. Seine Gedanken kreisten ganz um seinen Traum. Über drei Monate war es nun her, dass er diese

Nacht in Nepanthé verbracht hatte. Was hatte der Traum nicht schon alles bewirkt! Aus seinen Gedanken war Realität geworden. Wie weit er wohl nun noch von seinem Lebenssinn entfernt war? Er spürte, dass er einen ersten richtigen Schritt gemacht hatte. *Der erste Schritt ist immer der schwierigste*, dachte Tom bei sich. Aber der Beduine in seinem Traum hatte auch von weiteren Prüfungen gesprochen, bevor der Zweck seiner Existenz sich vollends offenbarte. Es war also nur ein erster Schritt.

Tom dachte auch an den Traumdeuter. Lange schon lag die Begegnung mit ihm zurück. Ob er ihn so einfach wiederfinden würde wie damals an dem Tag, als er seinen ersten Traum hatte? *Vielleicht kommt er ja auch zu mir. Schließlich ziehen ihn die Träume an, das hatte er ja selbst gesagt.* Dann fiel Tom ein, dass dem Traumdeuter ja auch noch seine Belohnung zustehen würde. Daher würde er bestimmt von selbst kommen. Allein, um sicherzustellen, dass er am Ende bezahlt werden würde. Aber was mochte er fordern? Da schoss Tom erneut durch den Kopf, dass es immer noch sein grüner Stein sein könnte, den der Traumdeuter am Ende verlangen würde. Er tastete nach der Schachtel, die er immer bei sich trug, und vergewisserte sich, dass sie noch da war. Seit er sie damals nach dem Tod seines Vaters gefunden hatte, hatte er sie nicht mehr geöffnet. Jetzt aber überkam ihn das Bedürfnis, den Stein noch einmal zu sehen. Obwohl die Schachtel dasselbe Gewicht hatte, fürchtete er für einen Augenblick, der Stein könnte nicht mehr darin sein. Jemand könnte ihn vertauscht haben, als er einen Moment unachtsam war. Als er die Schachtel öffnete, stellte er aber erleichtert fest, dass der Stein noch an Ort und Stelle war. Er hatte ihn noch nie in die Hand genommen, seit er die Schachtel gefunden hatte. Vielleicht war jetzt der richtige Zeitpunkt. Hier, am ersten Abend auf seiner Finca, nachdem er einen wichtigen Schritt aus seinem alten Leben gemacht hatte. Tom wollte ihn gerade in die Hand nehmen, da spürte er einen kleinen Stich, der in seine Hand fuhr und ihn zurückzucken ließ. Sein Finger blutete. Tom hatte vergessen, wie scharf die Kanten des Steins waren. Es war eben doch eine Glasscherbe, die sein Vater einmal gefunden hatte.

Tom verband seinen Finger. Die Wunde war tiefer, als er zunächst gedacht hatte. Ein paar Blutstropfen fanden sich auf der Terrasse. Tom war nicht abergläubisch, aber er hätte sich ein besseres Zeichen vorstellen können, um seinen ersten Abend in diesem neuen Leben zu beginnen. Unwillkürlich hielt er nach den Schmetterlingen Ausschau, aber zu seiner Verwunderung sah er keine. *Merkwürdig*, dachte er, *die ganze Wiese war immer voll davon. Aber wahrscheinlich ist es einfach zu spät am Abend.* Er ließ den Stein in der Schachtel und schloss sie wieder. Dann machte er sich auf, ins Bett zu gehen.

Das erste Mal, seit er vor vielen Monaten nach Spanien gekommen war, empfand er wieder etwas, das er schon lange nicht mehr gespürt hatte: Sorgen begannen, in ihm aufzusteigen. Zu Beginn war es nur ein ganz leichtes, kaum wahrnehmbares Gefühl, das ihm schon völlig fremd geworden war. Seine Gedanken brachten es zu ihm. Tom wurde etwas unbehaglich zumute. Denn seit seiner Nacht in Nepanthé hatte er nur noch Sorglosigkeit gekannt. Jetzt aber breitete sich dieses Gefühl wieder in Tom aus, als er im Bett lag und dabei ins Grübeln kam. *Hatte er vielleicht doch zu vorschnell sein Leben verändert? Was hatte ihn zu diesem Schritt veranlasst? Hatte er sich allein auf die Deutung eines Traums durch einen alten Mann verlassen, der behauptete, der Wind erzähle ihm von der Weltenseele?* Tom erschrak. Eine solche Geschichte hätte er vor nicht allzu langer Zeit zu Hause in seinem alten Leben bestenfalls belächelt. Und hatten die Menschen in seiner Umgebung nicht auch genau das getan? Hatten sie nicht alle den Kopf darüber geschüttelt, dass Tom sein ganzes Leben einfach so wegwarf, das er zu Hause hatte. Es war ja kein schlechtes Leben. Es hatte Regelmäßigkeiten und Abläufe, Struktur und Halt. Er musste sich in diesem Leben keine Gedanken machen. Spätestens durch das Erbe seines Vaters konnte er ein sehr unabhängiges und freies Leben führen. Das alles hatte er nun eingetauscht gegen eine beinahe unbewohnbare Finca, deren Charme für ihn darin bestanden hatte, dass er sie doch im Wesentlichen selbst erst würde instand setzen müssen. Vielleicht war es ja der Schock angesichts des Todes seines Vaters, der ihn so in die Irre geführt hatte. Tom atmete schwer. Er spürte, wie sein Herz pochte. Das laute Schlagen ließ ihn kaum Ruhe finden. Doch dann schaute er wieder auf die Schachtel und dachte an seinen grünen Kristall. Die Worte seines Vaters kamen ihm wieder in den Sinn. *Der Stein beschützt dich. Wenn er bei dir ist, kann dir nichts passieren.* Tom wurde wieder ruhiger. Sein Atem verlangsamte sich allmählich. Wahrscheinlich ist es nur die Reue nach einer Entscheidung, die ihm zu schaffen machte, redete Tom sich ein. Er wusste, dass fast alle Menschen dazu neigten, eine wichtige Entscheidung, die sie getroffen hatten, erst einmal wieder infrage zu stellen. Und zwar ganz unmittelbar, nachdem sie diese umgesetzt hatten.

Bei diesen Gedanken wurde er langsam müde. Der Schlaf hätte ihn wohl übermannt, wie damals in Nepanthé, wenn nicht ein kleiner, stechender Schmerz in seinem Finger ihn an etwas erinnerte. Der Stein, der ihn eigentlich beschützen sollte, hatte ihn heute Abend verletzt. Er musste wohl auch eine zweite Seite haben. Diesen letzten Gedanken nahm Tom mit in den Schlaf. Und das erste Mal nach über drei Monaten hatte er wieder einen Traum.

Kapitel 9

»Was passiert beim Blick in den Gedankenspiegel?«, wollte Ala K'in wissen. Der Beduine machte eine ernste Miene. »Dein Inneres wird dein Äußeres. Die Welt da drinnen wird die Welt da draußen.« *Wie oben, so unten*, sah es Ala K'in plötzlich in den Ornamenten des Spiegels geschrieben stehen. Es war das erste Mal, dass er wieder einen Blick auf ihn geworfen hatte.

»Ich verstehe nicht?« Ala K'in war etwas verunsichert. »Das wirst du noch«, sagte In Lak'ech. »Denn es hat schon begonnen.« Ein tiefer, prüfender Blick des Beduinen ruhte auf Ala K'in, bevor er fortfuhr: »Auf der Suche nach dem Sinn des Lebens musst du dich zuerst mit deinen Gedanken auseinandersetzen. Sie schaffen deine Realität. Sie können dich versklaven und weit wegführen von einem wirklichen Sinn. Sie können dich ablenken und in die Irre führen. Aber wenn du dich ihnen aufrichtig stellst, führen sie dich ein gutes Stück des Weges in Richtung deines Lebenssinns.« Wieder schaute er Ala K'in durchdringend an, bevor er fortfuhr. »Es ist nicht so einfach, sich seinen Gedanken zu stellen. Es ist sogar unglaublich schwer. Je nachdem, wie du es angehst, kann es eine der schwierigsten Aufgaben in deinem ganzen Leben sein, die dir vielleicht sogar unlösbar erscheint. Deine Gedanken werden zu hohen Mauern der Realität. Unüberwindbar führen sie dich in ein Labyrinth, aus dem du nicht mehr herausfindest, wenn du nicht achtgibst. Aber sieh selbst«, sprach der Beduine und wies auf den Spiegel.

Ala K'in konnte nicht anders und ließ wie verzaubert seinen Kopf zu dem Spiegel wandern. Der ganze Rahmen mit seinen Ornamenten schien zu wachsen, und die Worte in den Schnitzereien drangen in Ala K'ins Ohr. *Oben wie unten.* Als sich sein Blick mit der Fläche des Spiegels kreuzte, rauschten tausende Bilder aus dem Spiegel an ihm vorbei. Dazwischen flog und fiel Ala K'in und verlor sich ganz in der Welt seiner Gedanken.

Ewig war Ala K'in gefallen. Er wusste nicht, wie lange und wohin. Er hatte die Orientierung dafür verloren, wo oben und unten war. Bis der Augenblick kam, an dem das Fallen plötzlich aufhörte. Bis sich Ala K'in unerwartet und etwas überrascht auf ganz wundersame Weise auf dem Rücken eines Esels wiederfand.

Er bemerkte es an den ruckartigen Bewegungen. Sein Kopf war gesenkt, und als er die Augen aufschlug, sah er das graubraune, struppige Fell, auf dem eine Decke lag, auf der er selbst saß. Als er den Kopf hob, wanderte sein Blick dem Fell folgend den Hals des Esels aufwärts. Er sah nun dessen Hinterkopf mit den beiden Ohren, die nach links und rechts in den Himmel ragten. Anhand des Schaukelns realisierte er, dass sie sich vorwärts bewegten. Ala K'in war eigentlich nicht sonderlich wohl dabei. Er konnte doch gar nicht reiten, dachte er noch und tastete schon unsicher mit den Händen nach Halt. Seine Unruhe nahm zu, als er feststellte, dass es nur diese Sitzdecke gab, an der er sich festklammern konnte.

Die Sonne stand hinter ihnen, und Ala K'in sah seinen eigenen Schatten vor sich. Seine Unsicherheit, ohne Halt auf einem Esel zu sitzen, übertrug sich auf seine Gedanken. Diese Gedanken waren es, die auch den Schatten plötzlich groß und bedrohlich wirken ließen. Je fester er sich auf diesen Eindruck konzentrierte, desto mehr erschien es ihm, als ob das Bild, das der Schatten von ihm und dem Esel zeichnete, sich verselbstständigte. Fast war es, als ob er in dem Schatten sah, wie der Esel sich plötzlich versuchte aufzubäumen und dabei war, ihn abzuwerfen. Verschreckt klammerte sich Ala K'in an der Decke fest. Sein Finger schmerzte, und er beruhigte sich erst wieder, als er langsam merkte, dass er ganz sicher saß. Er wagte es nicht, noch einmal zum Schatten zu sehen. Aber wie ein Magnet zog dieser seine Gedanken an. Glücklicherweise spürte er nun die Sonne in seinem Gesicht und mit ihren wärmenden Strahlen verschwand der Gedanke plötzlich. Der Weg hatte eine leichte Biegung gemacht, und so, wie die Sonne nun in Ala K'ins Gesicht schien, verschwand der Schatten seitwärts an ihnen vorbei und löste sich schließlich in ihren

Strahlen langsam auf. Erleichtert merkte Ala K'in, dass er in Wirklichkeit immer noch ruhig und friedlich auf seinem Esel saß.

»Was mache ich hier?«, dachte Ala K'in und bemerkte nun, dass er nicht der Einzige war, der auf einem Esel ritt. Vor ihm und auch hinter ihm waren weitere Männer, die auf ihren Tieren ritten. Er war Teil einer Gruppe und wusste doch nicht, wie er hierhergekommen war. Seltsamerweise schien ihn die Szene an etwas zu erinnern. Wie eine alte Wahrheit, die er einmal gekannt, aber längst vergessen hatte. Doch noch bevor er den Versuch unternehmen konnte, sich zu erinnern, verdunkelten wieder schwarze Gedanken seinen Geist. Der Anführer der Eselgruppe erschien ihm merkwürdig. Anstatt Vertrauen auszustrahlen, wirkte er auf Ala K'in wie jemand, der vor keinem Risiko zurückschreckte. Auch nicht, wenn es die Gruppe, für die er Verantwortung trug, in Gefahr brachte. Kaum hatte Ala K'in diesen Gedanken gehegt, sah er, wie der Anführer die anderen plötzlich von dem sicheren Pfad, auf dem sie bislang geritten waren, in unwegsames Gelände führte. Einigen in der Gruppe schien es jedoch Freude zu bereiten, dass ihre Esel nun mehr und mehr schaukelten. Sie wankten und drohten ihre Besitzer aus dem Gleichgewicht zu bringen. Ala K'in war ganz schlecht vor Sorge. Er hätte sich am liebsten ganz flach nach vorne gebeugt und an seinem Esel festgeklammert. Aber das wagte er nicht. Teils aus Scham, teils aus Furcht, womöglich endgültig das Gleichgewicht zu verlieren. Der Anführer schlug nun immer waghalsigere Wege ein, und plötzlich wurde der Pfad ganz schmal. Während zur rechten Seite eine Felswand emporragte, ging es links steil bergab. Je steiler es an dieser Seite wurde, desto schneller führte der Gruppenerste die Eselkarawane an dem Abgrund entlang. Abschüssig ging es dort hinunter, und die Schlucht schien sich von Schritt zu Schritt näher an die Gruppe heranzufressen. Ala K'in wagte es schon gar nicht mehr, nach links zu sehen. »Ich habe überhaupt keine Kontrolle, wohin der Mann auf dem Leitesel uns führt«, sprach er zu sich selbst. Er wünschte sich innig, nicht mehr Teil dieser Gruppe zu sein, und kaum hatte er das gedacht, tat sich das nächste Unheil vor ihm auf. Der Weg fing an, sich am Ende der Strecke zu gabeln. Der Anführer bog auf den Teil ein, der nun wieder flacher und sicherer wurde, und mit ihm die Eselstiere, die ihm unmittelbar folgten. Der Weg in die andere Richtung führte um einen Felsen und blieb auf der steilen Strecke. »Bitte folge ihnen, bitte folge ihnen«, beschwor Ala K'in sein Tier in Gedanken. Vor ihm waren noch zwei Esel, die die Gabelung zu nehmen hatten. Er sah, wie der erste der Gruppe auf den sicheren Weg folgte und versuchte, sich damit zu beruhigen, dass auch der zweite es nicht anders machen würde. Doch Ala K'in erschrak für einen Moment, als er den Eindruck gewann, dass das Tier vor ihm dabei war, falsch abzubiegen. Erst, als er sah, dass auch dieser Esel die richtige Fährte nahm, ent-

spannte er sich etwas. Nun war Ala K'in an der Reihe. Seine aufkeimende Besorgnis verwandelte sich zunehmend in Panik. Er wurde den Eindruck nicht los, dass ausgerechnet sein Tier nun ausscheren würde. Seine Gedanken waren so stark auf diese Möglichkeit gerichtet, dass aus der Panik blankes Entsetzen wurde, als er sah, dass sein Esel tatsächlich als Einziger den Weg um den Felsen nahm. *Das kann nicht sein, das kann nicht sein*, dachte er, während sein Herz zu rasen begann. Aber es war so. Der bloße Gedanke, die falsche Richtung zu nehmen, hatte sich verwirklicht, und er rief seinem Tier noch zu: »Nein, nicht da lang, bloß nicht da lang!« Ala K'in wusste nicht mehr, wie viele Neins er innerlich geschrien hatte, als sich auch schon das nächste Grauen vor ihm auftat. Hinter dem Felsen, auf den der Esel als Einziger zugeritten war, verengte sich der Weg vollends zu einem schmalen Pfad, von dem nun nicht nur links, sondern auch rechts eine Schlucht abfiel. Ala K'in blickte sich hilfesuchend um, aber er sah nur den Felsen, um den er geritten war. Seine Begleiter waren alle verschwunden. Niemand schien ihm zu folgen. Niemand schien überhaupt bemerkt zu haben, dass sein Tier aus der Gruppe ausgeschert war. Beinahe wäre Ala K'in beim Zurückblicken von seinem Esel gefallen, daher saß er jetzt verkrampft und fast wie versteinert auf seinem Tier.

Wie in einem Albtraum, der nicht enden wollte, schossen Ala K'in weitere Gedanken durch den Kopf.

Was wäre, wenn es nun noch steiler würde, wenn der Weg immer enger würde und am Ende in ein großes Nichts führte, in das er und sein Tier stürzen würden? Tatsächlich begannen links und rechts des Weges bereits kleine Steine wegzubrechen, wenn der Esel zu dicht an den Rand trat. Das Tier schwankte ein ums andere Mal gefährlich, und Ala K'in hatte Mühe, sich im Gleichgewicht zu halten und nicht mit dem Tier umzustürzen. »Halt doch an«, flehte er innerlich. Aber der Esel marschierte weiter und weiter. Dann sah er es. Seine schlimmsten Befürchtungen wurden wahr. Einige wenige Meter vor ihnen endete der Pfad abrupt. Dahinter ging es steil bergab. Sie steuerten auf eine Sackgasse in steiler Höhe zu, aus der sie nicht mehr herauskommen würden. Zu schmal war der Pfad, um den Esel umkehren zu lassen. Schon jetzt war jeder Schritt ein möglicher Fehltritt. Aber rückwärts war es vollkommen unmöglich, den Weg zu beschreiten. Der Esel ließ sich nicht lenken, und so sah sich Ala K'in bereits über die Klippe in die Schlucht stürzen. Er spürte schon beinahe das Gefühl des Fallens und stellte sich vor, wie er unten aufschlug. Ala K'in dachte nur noch, dass dies das Ende sei.

Kapitel 10

Tom erschrak, als er aufwachte. Sein Kopf dröhnte. Der Wein vom Abend bereitete ihm Schmerzen. Sein Schädel pochte. *Was war das nur für ein furchtbarer Traum gewesen?* Tom hatte keine Zeit, darüber nachzudenken, denn das Hämmern wurde immer lauter und unerträglicher. Da bemerkte er, dass das Pochen von der Tür kam. Jemand schlug laut an den Eingang zu seiner Finca.

Als er wieder wusste, wo er gerade war, stand er auf und ging langsam durch den Wohnraum, um die Tür zu öffnen. Das Wummern wollte gar nicht aufhören, und Tom war sich nicht sicher, ob es sein Schädel war, der das Klopfen verstärkte, oder ob da wirklich jemand so laut an die Tür schlug. Dann schoss es ihm durch den Kopf. Es musste der Traumdeuter sein. So schnell hatte er ihn eigentlich gar nicht erwartet. Doch innerlich machte sich bei Tom eine gewisse Genugtuung breit, dass er am Vorabend nicht ganz danebengelegen hatte. *Er kommt wegen seiner Belohnung. Mein Traum hat ihn angezogen, und er ist versessen darauf, ihn zu deuten, um bald seine Forderung stellen zu können.* Tom fing bereits an, darüber nachzudenken, was der alte Mann ihm wohl zu diesem Traum erzählen würde, der sich für Tom mehr wie ein Albtraum angefühlt hatte. Als er die Tür öffnete, offenbarte sich ihm eine Antwort. Vor ihm stand in Zornesröte der stämmige, aufgebrachte Gutsbesitzer, von dem er die Finca erworben hatte. Noch ehe Tom etwas sagen konnte, hörte er ihn brüllen: »Wo, zum Teufel, ist mein Geld?«

Aber es gab kein Geld mehr. Toms Anwalt hatte recht behalten. Der schnelle und riskante Verkauf seines Vermögens hatte dubiose Geschäftsmänner angezogen. Und obwohl ihn der Anwalt immer wieder gewarnt hatte, sah Tom nur das viele Geld, das diese Männer für seinen Besitz boten. Am Ende waren sie auf und davon und hatten Tom alles genommen, was er besaß. Sein Vermögen war weg. Er besaß eine Ruine in Andalusien und schuldete dem Gutsherrn dafür den vollen Preis. Eine Woche hatte dieser ihm gegeben, um den Betrag aufzubringen. Andernfalls würde er ihn ins Gefängnis werfen lassen. Er kenne den örtlichen Richter sehr gut, und die spanischen Gefängnisse hier im Hinterland seien kein Ort, aus dem man als Ausländer gesund wieder herauskäme. Dort würde man Tom schon beibringen, dass man sich in Spanien an sein Wort zu halten habe, hatte der Gutsbesitzer gedroht.

Damit ließ er Tom allein auf der Finca zurück. Er postierte einen Wachmann am Tor, und Tom bekam einen ersten Vorgeschmack darauf, wie es sich anfühlen würde, eingesperrt zu sein. Sein Traum war zu einem Albtraum geworden. So wie es ihm die letzte Nacht prophezeit hatte.

Kapitel 11

In dieser Woche konnte Tom nicht schlafen. Es war nun schon die dritte Nacht in Folge. Seit der Gutsbesitzer sein Geld eingefordert hatte, lag Tom nachts wach und fand keine Ruhe mehr. Er hätte nie gedacht, dass sich sein Leben einmal so anfühlen könnte. So bedrängt, so aussichtslos. Manchmal fühlte es sich nach Tod an. Tom wurde ganz still, wenn dieses Gefühl aufkam.

Wie hatte das alles nur passieren können? Wie hatte er alles wegwerfen können, was er sich über Jahre in seinem alten Leben zu Hause aufgebaut hatte? Er hatte eine geordnete Struktur gehabt, die ihm Sicherheit gab. Jeder Tag hielt ihn beschäftigt, jede Nacht ließ ihn schlafen. Tom hatte zwar keine Träume mehr gekannt, aber dafür auch keine durchwachten Nächte. Die sicheren Abläufe in seinem Leben hatte er zwar mit Einschränkungen bezahlt; aber taten das nicht alle? Und wie hoch war der Preis, den er jetzt zahlte? *Zu hoch.* Daran gab es für Tom keinen Zweifel. Weil er einen Moment nur nachgegeben hatte, einen Augenblick undiszipliniert war, hatte eine Träumerei ihn abstürzen lassen. Alles, was er zu Hause besessen hatte, war mit einem Schlag verloren.

Hätte er gekonnt, hätte er sich sein altes Leben zurückgekauft. Er hätte alles darum gegeben. Tom schaute auf die Schachtel neben seinem Bett. Sein Finger schmerzte immer noch. War sein grüner Kristall vielleicht doch etwas wert? Tom dachte daran, ihn einfach in der nächsten Stadt zu einem Juwelier zu bringen. Bestimmt konnte er ihn dort verkaufen. Vielleicht brachte er wenigstens genug Geld ein, um die Rückreise in seine alte Heimat zu bezahlen. Denn hier hatte er keine Zukunft mehr. Dort würde er vielleicht wieder in sein altes Leben zurückfinden. Von diesem sicheren Grund aus ließe sich bestimmt auch die Sache mit dem Gutsbesitzer regeln. Tom hielt inne. Wieder schaute er auf die Schachtel. Es lag sicherlich nur eine alte Glasscherbe darin. Der Schmerz in seinem Finger erinnerte ihn daran. Er hing schon wieder irgendwelchen Träumen nach. Dabei hatte er doch gerade so deutlich erfahren, wozu Träume führen können. Träume waren gefährlich.

Am vierten Morgen stand Tom schließlich auf und begann, den Traktor zu reparieren. In den vergangenen Tagen war er immer wieder achtlos an ihm vorbeigegangen. Der Traktor stand an der Stelle, wo der Weg, der um die Finca führte, zu dem alten Schuppen abzweigte. Endlose Runden war Tom in den vergangenen Tagen auf diesem Weg um die Finca gelaufen. Er hatte sich den Kopf darüber zerbrochen, wie er wenigstens an ein bisschen Geld käme. All seine Aufmerksamkeit konzentrierte sich auf diese Frage, sodass Tom den Traktor schlicht nicht wahrgenommen hatte. Dann sah er die Schmetterlinge. Es war das erste Mal, seit er die Finca entdeckt hatte, dass er wieder Schmetterlinge sah. Sie lenkten seinen Blick auf die Umgebung. War es nicht der Anblick dieser Landschaft gewesen, der ihn damals hierhergeführt hatte? Seit seinem ersten Abend

auf der Terrasse hatte er nicht mehr die Schönheit dieses Ortes betrachtet. Er war so in dem düsteren Labyrinth seiner Gedanken umhergeirrt, dass er vollkommen vergessen hatte, weswegen er eigentlich hergekommen war. Nun waren es ausgerechnet die Schmetterlinge, die ihn daran erinnerten. Tom fiel wieder ein, was er hier alles hatte bauen und verändern wollen. Der Ort hatte es ihm ja deshalb angetan, weil er so viele Möglichkeiten bereithielt. Es waren die Möglichkeiten, etwas zu gestalten. Es war die Beschäftigung mit Dingen, die Tom in seiner Kindheit geliebt hatte. Die er vergessen hatte, aber die er immer noch liebte. Er war hierhergekommen, um diese Liebe wiederzuentdecken. Seine Liebe zum Handwerk. Die Schmetterlinge hatten ihn daran erinnert. Als er den Traktor betrachtete, um den sie kreisten, kam ihm endlich eine rettende Idee. Wenn er den Traktor instand setzte, könnte er diesen ja später veräußern. Vielleicht würde sogar der Gutsbesitzer ihn als Anzahlung akzeptieren. Selbst wenn das nicht funktionierte, dann hatte Tom doch seine letzten Tage hier mit etwas verbracht, was ihn ursprünglich zum Kauf der Finca bewogen hatte. *Dann habe ich wenigstens kurz von meinem Traum gekostet*, dachte er nun wieder. Er hielt einen Moment inne und betrachtete die alte Maschine. *Es ist seltsam, wie sehr man doch der Kraft seiner Gedanken ausgesetzt ist. Die düsteren können auf einem lasten wie Blei. Wenn es aber freundliche Gedanken sind, verleihen sie einem mitunter Flügel.*

Tom fragte sich, ob er lernen könne, stets die richtigen Gedanken zu hegen. Er erinnerte sich an seinen letzten Traum und die angekündigten Prüfungen. Vielleicht bestand die erste Prüfung ja darin, eine Lösung für das Gedankenproblem zu finden. Vielleicht ging es darum, Herr seiner Gedanken zu werden, sodass sie einen nicht mehr beherrschen? Wie er so darüber nachdachte, kam es ihm seltsam vor, dass man überhaupt seinen Gedanken so ausgeliefert sein konnte, wie Tom es in den vergangenen Tagen gewesen war. *Schließlich kommen meine Gedanken doch von mir. Und wenn die Gedanken von mir kommen, dann bin ich doch ihr Herr und kann darüber bestimmen, ob sie mir schaden oder nützen.* Tom spürte, dass er auf dem richtigen Weg war, seine erste Prüfung zu bestehen. Er wusste aber auch, dass die Lösung nicht so einfach sein konnte. Immerhin schien er es geschafft zu haben, selbst seinen letzten Traum zu deuten. *Ich soll meine Gedanken beherrschen lernen.* Bei dieser Erkenntnis fühlte er sich schon etwas besser. Zumindest von der Abhängigkeit des Traumdeuters schien er sich befreit zu haben. *Dann kann ich mich auch von allem anderen befreien,* dachte Tom und empfand nun wieder ein wenig Zuversicht. So machte er sich daran, den Traktor auf Vordermann zu bringen und versank ganz im Augenblick dieser Tätigkeit.

Kapitel 12

Der Traumdeuter hielt einen Moment inne. Er hatte sich so beeilt und war doch zu spät gekommen. Nun aber glitt ein Lächeln über sein Gesicht. Er spürte plötzlich, dass alles seine Richtigkeit hatte. Dass alles Teil eines Plans war, den das Leben hatte. Die Weltenseele hatte ihm am Feuer nicht alles erzählt. *Ich hätte vielleicht einfach weiter zuhören sollen*, dachte er bei sich.

Aber anstatt sich über seinen überhasteten Aufbruch vor ein paar Tagen zu ärgern, freute er sich. Er erinnerte sich an einen weisen Ausspruch, der ihm in solchen Situationen immer geholfen hatte. *In der Ruhe liegt die Kraft.*

Das hatte er damals am Feuer übersehen, nachdem ihn die Nachricht aus den Flammen in Unruhe versetzt hatte und er überhastet aufgebrochen war. In Zukunft wollte er sich das besser merken. *In der Ruhe liegt die Kraft.* Stand das nicht sogar irgendwo geschrieben?

Er nahm sich vor, diese Erkenntnis gleich anzuwenden. Innerlich war er froh, dass er sich nicht mehr so beeilen musste. Nun konnte er wieder ganz in seinem natürlichen Tempo gehen. Er sah sich um. Die Sonne stand schon tief am Himmel. Der Traumdeuter beschloss, sein Nachtlager aufzuschlagen und erst einmal ein paar Hasen zu fangen.

Kapitel 13

Der Gutsherr saß auf der Terrasse seiner früheren Finca und beobachtete den Jungen bei der Arbeit. Niemals hatte jemand den alten Traktor in Gang setzen können, und auch der Junge würde das natürlich nicht schaffen. *Was für ein Träumer! Hätte er das nur gleich erkannt, als er ihn damals das erste Mal getroffen hatte. Dann hätte er ihm nicht das Vertrauen geschenkt und in den Verkauf der Finca eingewilligt.* Natürlich musste der Gutsbesitzer zugeben, dass sich über Jahre niemand für das Anwesen interessiert hatte. Er selbst hatte zuletzt nicht mehr damit gerechnet, dass sich jemals noch ein möglicher Käufer bei ihm melden würde. Schon lange hatte er alle Verkaufsbemühungen eingestellt. Nur noch sein alter Kontaktzettel am Fenster des Wohnhauses zeugte noch davon. Der Gutsbesitzer hatte im Laufe der Zeit sogar vergessen, dass er selbst ihn einmal dort angebracht hatte.

Umso überraschter war er, als sich ein junger Mann vor einigen Wochen bei ihm meldete. Zunächst konnte er kaum glauben, dass es um den Erwerb der alten Finca ging. Rasch hatte er in ein Treffen eingewilligt. Die Geschichte des zu einem gewissen Erbe gekommenen jungen Mannes, den es aufgrund seiner Kindheitserinnerungen nach Andalusien zog, klang für ihn wie ein Glücksfall. Und warum sollte er nach all der Zeit nicht auch einmal wieder Glück haben, hatte er sich gesagt. Das Interesse an der Finca hatte gerade deren beklagenswerter Zustand ausgelöst. Er hielt den Plan des Jungen zwar für verwegen, alles selbst instand setzen zu wollen. Aber notfalls würde er ihm dabei unter die Arme greifen können. Schließlich kannte er aus besseren Zeiten noch viele Handwerker in der Gegend.

Nun schaute er diesem Träumer bei der Arbeit zu und sagte sich, dass er es hätte besser wissen müssen. Schließlich war er selbst ein Träumer gewesen, als er die Finca und all die angrenzenden Parzellen in diesem Tal vor vielen Jahren einmal erworben hatte. Großgrundbesitzer hatte er werden wollen. Das war sein Traum. Aber er hatte schon vor langer Zeit aufgehört, ihn zu träumen.

Anfangs sah es so aus, als ob sich sein Traum erfüllen würde. Der Gutsbesitzer war in diesem Tal aufgewachsen. Sein Vater war ein einfacher Schafhirte, und die Familie hatte nicht viel. Sie waren glücklich, aber als Kind hatte er viel entbehren müssen. Er sah den Wohlstand, in dem die Kinder von Vätern lebten, die Landwirtschaft betrieben. Da wusste er, dass er das eines Tages auch machen wollte. Er arbeitete hart und hatte als junger Mann irgendwann das Geld zusammen für seine erste Parzelle. Er verstand es, diese geschickt zu bewirtschaften, und bald hatte er sich das Geld für ein weiteres Stück Land erarbeitet. Mit viel Fleiß und Disziplin vergrößerte er seinen Besitz und war schließlich das, was er als Kind immer angestrebt hatte. Er hatte es zu einem wohlhabenden Gutsbesitzer gebracht. Aber das reichte ihm nicht. Er träumte davon, einmal das ganze Tal zu besitzen, in dem er in so ärmlichen Verhältnissen aufgewachsen war. Die Wiesen, auf denen sein Vater einst Schafe gehütet hatte, sollten ihm gehören. Auf dem Hügel inmitten des Tals wollte er eine Finca bauen. Er stellte sich vor, wie er einmal dort oben auf der Terrasse sitzen würde und über das ganze Tal blickte.

Zunächst hatte er Erfolg mit dem Plan. So wie er es vorher verstanden hatte, das Land zu bewirtschaften, zeigte er auch Geschäftssinn beim Erwerb der Ländereien. Es war sogar noch viel einfacher, mit Land Geld zu verdienen, wie er feststellte. Es brauchte auch weniger Fleiß und Disziplin. Die Preise stiegen unaufhörlich. Man musste eigentlich nur das nächste Stück Land kaufen, um es später mit Gewinn wieder zu veräußern. Mit dem Geld konnte man dann noch mehr Land erwerben. So ging es immer weiter. Inzwischen konnte der Gutsbesitzer auch mit dem Bau seiner Finca beginnen. Ein Bekannter hatte ihm erzählt, dass der Reichtum noch schneller käme, wenn die Banken das Geld für das Land bereitstellten. Tatsächlich stellte er fest, dass er nun in einem Jahr fast so viel Land erwerben konnte, wie er sich zuvor in zehn Jahren selbst erarbeitet hatte. Der Bau der Finca war fast abgeschlossen und dann kam der Moment, in dem sein Traum in sich zusammenfiel.

Der Gutsherr dachte an diesen Tag zurück, als er nun auf der Terrasse saß, und den Jungen bei seinen Arbeiten an dem Traktor beobachtete. Es war der Tag, an dem eine große Wirtschaftskrise das Land ergriff. Die Banken forderten ihr Geld zurück, und der Gutsherr musste fast seinen gesamten Besitz weit unter Wert verkaufen, um seine Schulden bezahlen zu können. Er hatte so gut wie alles verloren. Abgesehen von einem letzten Stück Land, das er nun wieder selbst bewirtschaftete, blieb ihm nur die Finca. Als sich wenige Jahre später die Wirtschaft wieder erholte, hätte er sie verkaufen können, um mit dem Erlös sein Geschäft erneut aufzubauen. Aber die Krise hatte ihn nicht nur sein Vermögen gekostet. Sie hatte ihm auch seine Kraft geraubt. Er war um Jahre gealtert. Sein inneres Feuer war erloschen. Er haderte mit sich und den Fehlern, die er gemacht hatte. Den Verlust seines Besitzes sah er als Strafe des Universums für seinen Hochmut an. Nur die Finca blieb als Erinnerung an seinen großen Traum. So wie sie im Laufe der Jahre verfiel, ließ sie auch den Gutsbesitzer langsam zerbrechen. Er konnte sie nicht loslassen und wurde so mit ihr zur Ruine. Als er sich Jahre später doch noch von ihr lossagen wollte, war es zu spät. Niemand wollte diesen verfallenden Ort erwerben. Sein Traum war zu einem Fluch geworden, den er mit ins Grab nehmen würde.

Dann war der Junge aufgetaucht. Der Gutsbesitzer hatte geglaubt, das Universum habe ihm seine Schuld erlassen und diesen jungen Mann geschickt. Mit seinem handwerklichen Ehrgeiz könnte er vielleicht vollenden, was der Gutsherr einst begonnen hatte. Für ihn würde sich sein Traum nicht mehr erfüllen. Aber er hätte die Grundlage geschaffen für den Traum dieses Jungen. Diese Vorstellung erfüllte den Gutsherrn mit etwas Frieden und das war mehr, als er für sein Leben noch zu hoffen gewagt hatte.

Doch das Universum hatte sich nur einen boshaften Spaß mit ihm erlaubt. Denn nachdem der Gutsherr dem Jungen seine Finca überschrieben hatte, offenbarte sich die Zahlungsunfähigkeit des jungen Mannes. Es war, als wolle das Schicksal den Gutsherrn auf seine alten Tage noch einmal daran erinnern, dass er mit dem Verkauf von Ländereien keinen Erfolg im Leben gehabt hatte.

Ein Krachen unterbrach den Gutsbesitzer in seinen Gedanken. Er schreckte aus dem Sessel hoch, in dem er bis dahin auf der Veranda gesessen und sich in seinen Erinnerungen verloren hatte. Hatte jemand geschossen? Er hielt nach dem Jungen Ausschau. Was er sah, konnte er kaum glauben. Der Junge saß hoch auf dem alten Traktor und fuhr auf die Finca zu.

Kapitel 14

»Lass uns etwas essen gehen.« Tom war überrascht, den Gutsherrn auf der Terrasse zu sehen. Er hatte sich eigentlich erst für den nächsten Tag angekündigt. Noch überraschter war er über dessen Einladung. Den ganzen Weg hinunter ins Dorf hatten sie geschwiegen, und Tom hatte Sorge, doch noch ins Gefängnis gebracht zu werden. Vielleicht war die Einladung ja nur ein Vorwand, damit er nicht allzu viel Widerstand leistete.

Aber Tom konnte unbesorgt sein. Denn zu seiner Verwunderung nahm der Gutsbesitzer ihn tatsächlich mit in ein winziges, etwas versteckt gelegenes Restaurant in einer Seitengasse des nächsten Dorfes. Draußen stand ein einziger, kleiner Tisch. Es war der Stammplatz des Gutsbesitzers. Oft kam er hierher, wenn er allein sein wollte, um wichtige Entscheidungen zu treffen.

Der Gutsbesitzer bestellte, und als sie gegessen hatten, sagte er zu Tom: »Diesen Traktor hat bislang niemand reparieren können. Alle, die es in den letzten Jahrzehnten versucht haben, sind gescheitert. Wie hast du es geschafft?« Tom schwieg einen Moment. Er zögerte, aber der Gutsbesitzer sah ihn scharf an. Tom fürchtete immer noch, am Ende in irgendeine Zelle gesperrt zu werden, wenn er nicht aufrichtig antwortete. Seine Erklärung war einfach, denn sie war die eines Kindes. Obwohl er fürchtete, dass dem Gutsbesitzer seine Antwort missfallen könnte, sagte er schließlich aus der Tiefe seines Herzens: »Das war immer mein Traum.«

Die Antwort ließ den Gutsbesitzer ganz still werden. Ein leerer Blick trat in sein Gesicht. Für einen Moment schien es, als ob seine Seele verstummte. Um ihn herum hörte alles auf zu existieren. Es gab kein Gefühl mehr, kein Leiden, keine Freude. Dieses Nichts, das die Antwort in dem Gutsbesitzer ausgelöst hatte, breitete sich an allen Orten aus, die er kannte. Die Schafsweiden in dem Tal schwiegen und auf dem Hügel der Finca hörte der Wind auf zu wehen. Die Welt stand still. Und wenn er gekonnt hätte, er hätte alles in diesem Augenblick enden lassen.

Tom sah ihn besorgt an und fügte schnell hinzu: »Ich kann noch mehr reparieren. Ich konnte das schon als Kind gut. Ich kann Euch die ganze Finca wieder instand setzen, wenn Ihr wollt.« Tom vermied es, nochmals von seinem Traum zu sprechen. Er verschwieg dem Gutsbesitzer auch seine Erlebnisse in Nepanthé und die Begegnung mit dem Traumdeuter. *Die Menschen reagieren unterschiedlich auf fremde Träume*, dachte er. Das hatte Tom inzwischen gelernt. Zu Hause hatten sie ihn für seinen Traum belächelt. Der Wirt in Nepanthé hingegen hatte ihm geholfen. Er wusste, wie wichtig Träume waren, denn er hatte seinen eigenen Traum verwirklicht. Er hatte Tom auch beigebracht, dass es zwei Gruppen von Menschen gab. Die einen verfolgten ihren Traum, die anderen nicht. Der Gutsbesitzer aber schien keiner dieser beiden Gruppen anzugehören. Tom spürte, dass er hier noch etwas Wichtiges lernen konnte. Vielleicht würde er dann auch verstehen, warum sich sein Traum zunächst in einen Albtraum verwandelt hatte. Vielleicht hatte Tom etwas nicht beachtet. Womöglich hatte er einen Anfängerfehler gemacht. Denn wie es Anfängerglück gab, musste es ja auch Anfängerpech geben. Was wäre, wenn sich dieser Fehler korrigieren ließe? Könnte sich sein Traum am Ende doch noch erfüllen? Das erste Mal seit seinem Albtraum schöpfte Tom wieder etwas Hoffnung.

»Eigentlich kann ich alles reparieren«, sagte Tom zu dem Gutsbesitzer. Dieser schaute ihn lange an, bevor er antwortete. »Das glaube ich nicht«, sagte er schließlich mit dünner Stimme, dann fasste er sich wieder. Der Gutsbesitzer hielt einen Moment inne und dachte nach. Als er sich wieder Tom zuwandte, sagte er: »Ich mache dir einen Vorschlag. Wenn du die Finca wieder instand setzt, genauso, wie du es mit dem Traktor geschafft hast, dann gebe ich dir genug Geld, damit du in deine Heimat zurückkehren kannst. Bau dir dort dein altes Leben wieder auf und freue dich über diese zweite Chance. Die bekommt man nicht oft im Leben.«

Tom tastete unter dem Tisch in seiner Tasche nach der kleinen Schachtel. Er griff nach ihr und dachte fest an den grünen Kristall, der sich darin befand. *Du hattest recht, Vater. Der Stein beschützt mich. Wie konnte ich nur daran zweifeln?* Zum ersten mal seit Tagen bemerkte Tom, dass seine Hand nicht mehr schmerzte. Die Wunde an seinem Finger war verheilt.

Kapitel 15

Die Arbeit machte Tom nicht so viel Freude, wie er gedacht hatte. Er konnte nicht recht sagen, woran es lag. Vielleicht, weil sich der Gutsbesitzer zunächst hatte die Finca wieder übertragen lassen, nachdem Tom seinen Vorschlag angenommen hatte. Tom konnte zwar so lange dort leben, bis er die Finca wieder instand gesetzt hatte. Aber da er den Kaufpreis nicht hatte aufbringen können, stand sie natürlich dem Gutsbesitzer zu. Tom hatte sich die alte Kaufurkunde eingerahmt in den

Hauseingang über die Tür gehängt. Sie sollte ihn immer daran erinnern, dass er seinen Traum falsch angegangen war und von jetzt an nur dafür arbeitete, noch einmal von vorne anfangen zu können.

Aber das konnte nicht der eigentliche Grund für seine geringe Freude bei der Arbeit sein. Denn das Handwerk an sich machte ihm immer noch Spaß. Auch war Tom dankbar, durch sein handwerkliches Geschick diese zweite Chance erhalten zu haben. Er konnte jetzt sogar noch eine Weile auf der Finca leben, die er sich einst hatte kaufen wollen. Das war weit mehr, als er sich vor Kurzem hatte erhoffen können. Der Gutsbesitzer war nicht ungerecht und gab ihm für jeden Fortschritt auf dem Gelände ein wenig Extralohn. Wenn alle Arbeiten abgeschlossen waren, hätte er so genügend Geld zusammen, um in seine Heimat zurückzukehren und sein altes Leben wieder aufzunehmen.

Vielleicht trübte es Tom etwas die Freude an der Arbeit, dass der Gutsbesitzer seine eigenen Vorstellungen davon hatte, wie die Finca wieder hergerichtet werden sollte. Jeden Tag kam er abends vorbei und kontrollierte nicht nur den Fortschritt, den Tom machte, sondern gab ihm auch Anweisungen, was als Nächstes zu tun sei. Dabei war ihm nichts gut genug. Er schien eine geradezu perfektionistische Vorstellung davon zu haben, wie das Anwesen am Ende auszusehen hatte.

Als er eines Abends im Bett lag, erinnerte sich Tom daran, wie er ganz am Anfang den Traktor repariert hatte. Das hatte ihm noch die Freude bereitet, die er als Kind immer empfunden hatte. Bei dieser Arbeit war er noch ganz in sich versunken. Die Tätigkeit hatte ihm Frieden gegeben. Frieden, den er seinerzeit so dringend brauchte, denn seine Tage und Nächte waren damals von Angst und Sorge erfüllt. Er erinnerte sich an die Ausweglosigkeit, in die ihn seine Gedanken geführt hatten. Der Traktor hatte ihn davon weggebracht. So weit weg, dass er am Ende an gar nichts mehr gedacht hatte.

Vielleicht konnte es ihn auch von dem anstrengenden Gutsbesitzer ablenken, wenn er einfach versuchte, sich in seine Arbeit zu versenken. Er würde während seiner Tätigkeit weniger darüber nachdenken, was dieser alles wieder am Abend von ihm verlangen würde. Und so übte sich Tom in der Versenkung. Gedanken, die aufkamen, ließ er vorbeiziehen. Er vertiefte sich mehr und mehr in seine Arbeit. Wenngleich die Freude, die er bei der Reparatur des Traktors empfunden hatte, nie ganz zurückkehrte, so gab ihm die Tätigkeit nun doch wieder etwas mehr Frieden. *Ich lerne, mir keine Gedanken zu machen*, stellte Tom verwundert fest. Es war das Gegenteil dessen, was sein Traum ihm aufgegeben hatte. *Hatte sich der Traumdeuter geirrt? Er war nie mehr aufgetaucht seit ihrer damaligen Begegnung in Nepanthé. Wahrscheinlich war er doch nur ein Scharlatan.*

So vergingen die Wochen. Tom gewöhnte sich an den Rhythmus, den das neue Leben ihm jetzt vorgab. Die Arbeiten auf der Finca schritten voran. Tom fing allmählich sogar an, etwas Stolz dabei zu verspüren, als er sah, wie das Anwesen langsam erblühte. Nur die Urkunde über dem Eingang erinnerte ihn stets daran, dass es nicht mehr sein Traum war, den er lebte. *Vielleicht war das hier Teil der Prüfungen, von denen der Beduine im Traum gesprochen hatte*, dachte Tom, auch wenn er den Sinn nicht recht verstand. Wie er schon die erste Botschaft seines Traums nicht gleich verstanden hatte, als es nur darum ging, sich Gedanken zu machen. *Das Offensichtliche ist manchmal schwer zu erkennen*, dachte Tom noch, bevor er sich wieder ganz dem Augenblick seiner Arbeit hingab.

Eines Abends, als Tom wieder einen großen Abschnitt der Arbeiten geschafft hatte, brachte der Gutsbesitzer eine Flasche Wein mit. Er war kein schlechter Mensch, nicht nur gerecht, sondern auch großzügig. Tom fragte sich, warum er so ganz anders war, wenn es um die Finca ging.

Sie saßen gemeinsam auf der Terrasse und schauten in die Abenddämmerung. Schweigsam genossen sie den Wein. Die Landschaft erinnerte Tom an die erste Zeit, als er hierhergekommen war. Damals hatte er ziellos das Leben und die Gegend erkundet. Nun spürte er wieder etwas von der Freiheit, die er seinerzeit empfunden hatte.

Nachdem sie eine Weile so nebeneinandergesessen hatten und der Wein zu Neige ging, fasste sich Tom ein Herz und fragte den Gutsbesitzer nach der Finca. Bislang hatte Tom nicht gewagt, über etwas anderes als die Arbeit zu reden. Er spürte, dass es etwas sehr Persönliches war, das den Gutsbesitzer mit der Finca verband. Die Erinnerung an seine Reaktion damals in dem kleinen Restaurant war Tom noch immer präsent.

»Warum ist Euch die Finca so wichtig?«, fragte er schließlich, nachdem ihm der Wein ein wenig dabei geholfen hatte, all seinen Mut zusammenzunehmen. Der Gutsbesitzer hatte nicht mit der Frage gerechnet. Aber er schaute dieses Mal ganz anders. Sein Blick war immer noch auf die Landschaft gerichtet, da streifte ein leichtes Lächeln sein Gesicht. »Weil es einmal mein Traum war«, sprach er in Richtung des Tals. Dann erzählte er Tom seine Geschichte. Wie er sich hochgearbeitet hatte aus einer kleinen armen Familie von Schafhirten zu einem Großgrundbesitzer und wie er wieder alles verloren hatte, bevor er hier oben seinen Erfolg genießen konnte. Er befreite sein Herz von einer Last, die er seit jenen Tagen mit sich herumgeschleppt hatte. Noch nie hatte er mit jemandem darüber geredet. Aber dieser Junge war ein Fremder in dem Tal. Er war aus dem Nichts aufgetaucht und mit ihm war die alte Finca in das Leben des Gutsbesitzers zurückgekehrt. Der Junge hatte ihn an eine alte Wahrheit erinnert, die sein Schweigen in all den Jahrzehnten verdecken wollte, die er aber nicht vergessen konnte. Die Wahrheit, dass sein Traum zerbrochen war. Es war die Einsicht, dass er zu der Gruppe von Menschen gehörte, die ihre Träume verfolgten, aber am Ende nicht mehr die Kraft aufbrachten, sie Wirklichkeit werden zu lassen. Es waren die Menschen, die sich einer letzten großen Prüfung ausgesetzt sahen, die darin bestand, herauszufinden, ob sie wirklich ihren Traum erfüllen wollten und die bei dieser Prüfung versagten. So wie der Gutsbesitzer nicht wieder hatte von vorne beginnen wollen, als sich ihm die Gelegenheit bot. Als er stattdessen an der Finca festhielt. Als er die Vergangenheit nicht loslassen konnte und damit nun einen Mühlstein durch sein Leben schleifte, der ihn alt und müde werden ließ.

»Aber dann erfüllt sich doch gerade Euer Traum«, sagte Tom. Er war ganz fröhlich und deutete auf die Finca, die schon an so vielen Stellen wieder zu blühen begonnen hatte. Ernst und ein wenig müde wandte sich der Gutsbesitzer darauf Tom zu. »Nein, mein Sohn, du erfüllst diesen Traum. Das ist etwas vollkommen anderes.« Tom dachte daran, dass ihm der Traumdeuter auf dem Berg gesagt hatte, dass man nicht den Traum eines anderen verfolgen sollte. Dann fragte er sich, ob er selbst schon wusste, was sein wahrer Traum war. »Träume sind trügerisch. Sie täuschen uns, so wie wir uns selbst ein ganzes Leben lang täuschen können«, fuhr der Gutsbesitzer fort. »Mein Traum hat mir gezeigt, dass es nur Stolz war, der mich all die Jahre leitete. Ich wollte die Schafswiesen besitzen, auf denen mein Vater seine Herde grasen ließ. Ich wollte über all denjenigen stehen, die ich als Kind um ihren Wohlstand beneidet hatte.

Aber am Ende hat mir das Leben gezeigt, dass das ein Irrweg war.« Tom schaute den alten Mann nachdenklich an. Befand auch er sich auf einem Irrweg? Hatten ihn nicht erst die nostalgischen Kindheitserinnerungen im Angesicht des Todes seines Vaters dazu gebracht, sein Leben aufzugeben und hierherzukommen? Oder war es vielleicht nur ein Umweg? Denn Tom spürte, dass er immer noch erst am Anfang seiner Reise stand. Er war noch nicht so alt und müde wie der Gutsbesitzer. Tom hatte noch die Kraft und den Willen, seine Träume im Leben wahr werden zu lassen.

Nachdem er den Gutsbesitzer eine Weile angeschaut hatte, fragte er schließlich: »Aber was ist dann euer Traum?« Ruhig und mit einem Blick, der mit dem Leben abgeschlossen hatte, schaute der Gutsbesitzer Tom in die Augen. »Ich habe es nie wirklich versucht herauszufinden.« Danach schwiegen beide eine lange Weile.

Der Wein war leer getrunken und der Gutsbesitzer erhob sich. Tom dankte ihm für den Abend, und als sie dabei waren, sich zu verabschieden, fiel Tom auf, dass der Gutsbesitzer seine erste Frage gar nicht richtig beantwortet hatte: »Aber wenn die Finca gar nicht euer wahrer Traum ist, warum ist sie Euch dann immer noch so wichtig?« Der Gutsbesitzer sah den Jungen aufmerksam an, bevor er antwortete: »Es ist wie mit jedem falschen Traum, den man im Leben verfolgt. Am Ende ist es schwerer, ihn loszulassen, als unerfüllt mit ihm weiterzuleben. Die Finca hält mich am Leben. Sie erhält mir den letzten Rest meiner Lebenskraft, und ich gebe ihr dafür die Hoffnung, irgendwann wieder zu erblühen. So wie ich sie zum Leben brauche, so braucht sie inzwischen auch mich.« Und im Gehen fügte er noch hinzu: »Außerdem macht es mir ein wenig Freude zu sehen, wie sie wieder von Neuem entsteht. Ebenso wie es dir Freude bereitet, ganz in dem Augenblick deiner Arbeit zu versinken.«

An diesem Abend hing Tom die eingerahmte Urkunde über dem Türeingang ab. Er würde sein Leben nicht an einen falschen Traum binden. Er spürte, dass er bald aufbrechen und seine Reise fortsetzen würde.

Kapitel 16

Tom lag bereits in seinem Bett und war gerade dabei einzuschlafen, als es noch einmal an der Tür klopfte. Der Gutsbesitzer hatte vermutlich nicht einmal den ganzen Weg zur Hauptstraße zurückgelegt und war dann unvermittelt umgekehrt. Es musste noch ein wichtiger Gedanke sein, der ihm beim Verlassen des Anwesens gekommen war, wenn er Tom noch einmal so spät aus dem Bett holte.

Tom erinnerte sich an den Morgen vor vielen Monaten, als er aus seinem Albtraum hochfuhr und ihm das Hämmern an der Tür Kopfschmerzen bereitet hatte. Wie froh war er, dass dieses Klopfen nun ganz höflich und geradezu leise klang, ganz so, als solle er diesmal nicht aus dem Schlaf gerissen werden. Also ging Tom durch das hergerichtete Wohnzimmer zur Eingangstür und dachte, wie unterschiedlich die Menschen doch sein können. Da hatte er vor nicht allzu langer Zeit einen wütenden, aufgebrachten Gutsherrn erlebt, der ihm beinahe die Tür eingetreten hatte, und nun war es ein ganz anderer Mensch, der da klopfte. Dieser Mensch war umsichtig und geradezu zurückhaltend, weil er wohl fürchtete, Tom aufzuwecken.

Doch als er die Tür öffnete, merkte Tom, dass er sich geirrt hatte. Es war gar nicht der Gutsbesitzer, der da klopfte. Tom traute seinen Augen kaum. Vor ihm stand der Traumdeuter. Er begrüßte Tom mit einem fröhlichen Lächeln. »Willst du mich nicht hereinbitten? Du hast doch sicher schon eine ganze Weile auf mich gewartet«, sprach der alte, weise Mann und trat auch schon in den Eingangsflur. »Ein schönes Haus hast du dir hier gesucht«, sagte er zu Tom, während er dabei war, in den Wohnraum zu gehen und es sich in einem der schlichten Polstersessel gemütlich zu machen. »Ich nehme gerne noch etwas Tee«, sagte der Alte unmittelbar, nachdem er Platz genommen hatte. Tom war sprachlos. Aber da er nun schon einmal wach war, entschloss er sich, dem Alten den Tee zu kochen und sich dann zu ihm zu setzen. Der Kamin brannte bereits, als er mit dem Tablett aus der Küche zurückkam. Tom war verwundert. Er war sich sicher, den Kamin noch gar nicht repariert zu haben.

Tom reichte dem Alten den Tee und setzte sich schweigend zu ihm. Nachdem sie eine Weile so dagesessen hatten, sprach der Traumdeuter: »Du hast deine erste Prüfung bestanden. Du scheinst dir dessen nur noch nicht bewusst zu sein.« Tom war verwundert. Diesmal hatte er dem Traumdeuter noch gar nichts von seinem zweiten Traum erzählt. »Ich glaube nicht, dass die Gedanken, die ich mir gemacht habe, mich haben eine Prüfung bestehen lassen«, wandte Tom ein. Er zweifelte inzwischen wieder an den Fähigkeiten dieses alten Kauzes. Der Alte hatte wahrscheinlich alle Mühe gehabt, Tom überhaupt ausfindig zu machen, und war ganz sicher nur hinter seiner Belohnung her. Vermutlich hatten sie in Nepanthé längst gemerkt, dass er ein Quacksalber war und hatten ihn fortgejagt. Nun suchte er wohl nach alten Kontakten und versuchte, an seine

Bezahlung zu kommen. Für einen Moment kam Tom in den Sinn, dass der Traumdeuter vielleicht Teil einer größeren Bande war. Mit dem Alten würde er ja noch fertig werden. Aber was, wenn er Männer mitgebracht hatte, die draußen warteten? *Bestimmt will er nur auskundschaften, ob ich hier oben Geld habe, und lässt mich dann überfallen. Oder es geht ihm immer noch um meinen Kristall.* Tom stellte etwas erschrocken fest, dass er die Schachtel neben seinem Bett vergessen hatte, als er eben aufgestanden war. Vielleicht sollte der Alte ihn hier nur ablenken, während hinten jemand in das Haus einstieg und den Kristall raubte.

Der Traumdeuter war Tom in seinen Gedanken gefolgt und lächelte milde, bevor er sprach. »Mit deinen Gedanken hast du tatsächlich keine Prüfung bestanden. Sie haben dich nur in einen Albtraum geführt.« Tom hatte gerade noch nach einem Vorwand gesucht, um zurück ins Schlafzimmer zu gehen und seine Schachtel zu holen, da hielt er inne. Der Traumdeuter sah etwas amüsiert zu, wie Tom überlegte, woher der Alte nur von seinem Albtraum wissen konnte. Bevor Toms Gedanken ihn weiter in die Irre führten, sprach der Traumdeuter weiter: »So, wie deine Gedanken dich oftmals in Furcht und Schrecken versetzen, haben sie dich in einen Albtraum geführt. Du müsstest eigentlich bemerken, wie sehr sie dir in deinem Leben immer zu schaffen machen. Genau wie sie dich in diesem Moment fürchten lassen, dass dein geliebter Herzensstein geraubt wird.« Tom starrte den Alten an. Hatte er wirklich gerade seine Gedanken lesen können? Tom schämte sich etwas. »Schon gut«, sagte der weise Mann, »ich bin es gewohnt, schlimmere Gedanken wahrzunehmen. Mit der Zeit lernt man damit umzugehen, wenn man Dinge erfährt, die nicht für einen bestimmt sind. Das ist der Preis, den ich für diese Gabe zahlen muss.« Tom wusste nicht recht etwas dazu zu sagen. Er schämte sich noch immer ein wenig. Doch als er darüber nachdachte, fiel ihm auf, wie oft er dem Alten schon schlechte Absichten unterstellt hatte.

»Ich bin natürlich wegen meiner Belohnung gekommen«, sagte der Alte verschmitzt. »Aber zuvor hast du noch zwei weitere Prüfungen zu bestehen. Deshalb muss ich dir deinen letzten Traum deuten. Nur dann kannst du deine Reise fortsetzen. Dafür bin ich hier.« Tom merkte, dass der Alte recht hatte. Es war Tom zwar gelungen, sich mehr und mehr in seine Arbeit auf der Finca zu versenken und seine Gedanken abzustellen. Aber an eines hatte er in letzter Zeit doch zunehmend häufiger denken müssen: Was hatte es nur mit seinem Albtraum auf sich? Warum glaubte er erst, seinem Traum zu folgen, und fand sich dann doch auf einem Irrweg wieder? »Es ist ein Umweg«, sagte der Traumdeuter unvermittelt. »So wie ich auch schon oft Umwege in meinem Leben gehen musste, um ans Ziel zu kommen«, setzte er milde nach. Tom schaute ihn an. »Habt Ihr Euch deshalb so viel Zeit gelassen, um mich zu finden?« In Toms Stimme lag etwas Vorwurfsvolles.

Für einen Moment dachte er zurück an den Morgen nach seinem Albtraum, als er in der Erwartung aufgestanden war, der Traumdeuter stehe vor seiner Tür. Es hätte Tom sicherlich eine Menge Leid erspart, wenn er damals schon zu ihm gekommen wäre und seinen Traum gedeutet hätte. »Du hast die Zeit gebraucht, daher durfte ich nicht eher kommen«, sagte der Alte weise. Tom schaute ihn skeptisch an. *Der Alte versteht es, einem das Wort im Mund umzudrehen*, dachte er und wünschte sich sogleich, er hätte es besser nicht gedacht. Tom erkannte an dem Lächeln des Alten, dass er auch diesen Gedanken wieder hatte lesen können.

»Dann sind wir also nach wie vor im Geschäft?«, fragte der Alte prüfend. »Ja, wir sind noch immer im Geschäft.« Tom bekannte sich zu ihrer Abmachung, nach der er dem Traumdeuter am Ende seiner Reise geben musste, was auch immer dieser verlangte. *Ich darf jetzt nicht an meinen Stein denken*, sagte er sich zugleich. Aber die Sorge, der Traumdeuter würde weiter seine Gedanken lesen, war unbegründet. Denn er forderte Tom bereits auf, in die Flammen des Kamins zu schauen.

»Was siehst du?«, wollte der Traumdeuter wissen. Tom überlegte einen Moment, dann sagte er das Erste, was ihm in den Sinn gekommen war: »Alles brennt.« Der Alte schmunzelte. »Siehst du, mein Junge, das ist die Antwort, die dir deine Gedanken bringen. Nun aber sieh noch einmal ins Feuer. Betrachte den Kamin so, als wenn du selbst ihn wieder hergerichtet hättest. Dann sage mir noch einmal, was du siehst.« Tom war kurz verwundert. Er versuchte, sich zu erinnern, und mit der Suche nach dieser Erinnerung offenbarte sich ihm ein Bild. Er sah plötzlich, wie er vor dem Kamin saß und diesen wieder instand setzte. In seinem Geist zündete er schließlich den Kamin an und schaute hinein. Es war beim Anblick der Flammen, als er es fühlte, und wie in Trance antwortete er nun dem Traumdeuter: »Ich spüre den Augenblick. Ich sehe das große Nichts der Ewigkeit. Ich fühle stille Freude und den Frieden, den dieser Moment mir bringt.« Der Traumdeuter nickte zufrieden. »So, wie du auch bei allen anderen Dingen, die du seitdem hier auf der Finca getan hast, diesen Frieden gespürt hast«, sagte der Alte zu Tom.

Da begriff Tom, dass es dieser erfüllende Moment aus seiner Kindheit war, den er gesucht und hier gefunden hatte. Er verstand, dass es nicht seine Bestimmung war, auf einer Finca in Spanien zu leben, sondern dass er auf dem Weg zu seinem Lebenssinn erst wieder lernen musste, einen solchen Moment einzufangen. So wie er als Kind keine Zeit gekannt hatte, musste er sich auch als Erwachsener im Augenblick verlieren können, wenn er auf seiner Suche vorankommen wollte. Vielleicht waren die Augenblicke, in denen er sich zeitlos verlor, so etwas wie Brotkrumen, die ihn aus einem dunklen Wald herausführen konnten, zu dem sein Leben mitunter geworden war.

Der Alte war zufrieden mit dem, was er sah. »Wie ich

schon sagte, du hast deine erste Prüfung bestanden.« Er schüttete den Rest des Tees in den Kamin und löschte so das Feuer. »Nun geh schlafen. Dein nächster Traum wird bestätigen, was ich gesagt habe. Deine zweite Prüfung erwartet dich bereits.«

Der Traumdeuter blieb noch ein wenig vor dem erloschenen Feuer sitzen und lauschte dem Wispern des Kamins. Als Tom im Bett lag und langsam müde wurde, musste er wieder an seinen Albtraum denken. An der Stelle, an der seine Gedanken ihn fast hatten in einen Abgrund stürzen lassen, schlief er ein.

Kapitel 17

»Nur noch einen Augenblick«, dachte Ala K'in, »nur noch einen Augenblick, dann stürzen wir ab.« Er sah wieder die Schlucht, auf die sein Esel zuritt. Wenige Meter trennten ihn nur noch von dem Abgrund.

Nur einen Augenblick. Bei diesem Gedanken regte sich eine Erinnerung in ihm. Er dachte nach und spürte plötzlich, dass da etwas war, das er doch gerade erst gelernt hatte. Langsam und wie ein leichter Luftstoß kam die Erinnerung zu Ala K'in zurück. Es ging nur um den Augenblick. Nur er spielte eine Rolle. Ala K'ins Gedanken rasten. Aber sein Herz wurde allmählich ruhiger. Ihm wurde plötzlich klar, dass es nur diesen Augenblick gab. Alles andere war bedeutungslos. Irgendjemand hatte ihm das beigebracht, dachte er noch. Als er sich immer mehr bewusst machte, dass weder das falsche Einschlagen des Wegs und sein Blick zurück noch der Abgrund am Ende des Weges und sein bevorstehender Absturz in diesem Augenblick real waren, wurde er ruhiger. Es waren nur Gedanken, die versuchten, Vergangenes wieder lebendig zu machen oder die Zukunft vorauszusehen Und dann besann sich Ala K'in auf eine alte Wahrheit. Frieden kehrte in ihm ein und etwas in ihm spürte, dass er auf einem Tier saß, für das er einmal Liebe empfunden hatte. Er wusste nicht, woher dieses Gefühl kam, aber er wusste, dass allein zählte, dass es diesen einen Augenblick gab. Der Augenblick im Hier und Jetzt, in dem er auf seinem Esel saß, der ihn bislang sicher durch alle Widrigkeiten getragen hatte. Er spürte die Decke und wie sich das Tier anfühlte. Herzenswärme stieg in ihm auf und ohne dass er es richtig zu bemerken schien, verschwanden Schlucht und Abgrund und Furcht und Schrecken. In diesem einen vollkommenen Augenblick schien es Ala K'in, als ob er sich selbst sah, wie er ruhig und glücklich auf dem Esel saß. Aber zu seiner Verwunderung erkannte er in dem Bild die Gestalt eines kleinen Jungen, und als er genauer hinschaute, realisierte er, dass es ein Spiegel war, in dem er den Jungen auf dem Esel erblickte. Doch allmählich löste sich das Bild auf und Ala K'in fand sich in der Wüste wieder.

»Du hast deine Lektion gelernt«, lächelte ihn In Lak'ech an. Fragend saß Ala K'in an dem Tisch mit dem Spiegel und blickte den Beduinen verwundert an. Und als ob er die Frage, was das alles zu bedeuten hätte, vorwegnahm, sah ihn In Lak'ech an und sagte: »Ich werde dir alles erklären.«

Kapitel 18

Der Traumdeuter saß noch immer vor dem Kamin und lauschte dem Knistern, das das längst erloschene Feuer von sich gab. Es waren Geräusche, die wie ein Nachhall der Vergangenheit aus dem Kamin drangen. Kaum jemand wäre imstande gewesen, sie zu bemerken. Aber der Traumdeuter kannte die Sprache der Flammen, selbst wenn sie schwiegen.

Er hörte noch einmal die Unterhaltung, die er eben mit dem Jungen geführt hatte. Aber in der Stille der Asche war es nun der Beduine, der zu seinem Schützling sprach. Auch er erklärte ihm, dass es der Augenblick war, in dem man Frieden fand vor seinen Gedanken. Die Versenkung in den Moment, in dem man sich befand, konnte einem Schutz bieten. *Wie eine Waffe, ein Schutzmantel oder ein Zauberspruch, der einen vor Bösem bewahrt.*

Zufrieden sah der Traumdeuter in den Staub des Kamins. Es war ihm, als könne er die Wüste darin erkennen, in der sich alles abspielte, was Tom ihm geschildert hatte. Nun hatte er seine erste Lektion gelernt. Die Versenkung hatte ihn von seinen schlimmen Gedanken befreit. Die Erkenntnis, dass alles außerhalb des einen Augenblicks im Hier und Jetzt eine Illusion ist, hatte ihn vor dem Absturz in die Schlucht und vielleicht sogar vor dem Tod gerettet.

Der Traumdeuter konnte hören, wie sich Tom in seinem Bett nebenan im Schlafzimmer hin und her wälzte. Die zweite Prüfung würde sicherlich nicht so leicht für ihn werden wie die erste.

Kapitel 19

»Vertraue auf den Augenblick. Er ist das Einzige, das real ist. Wenn er sich richtig anfühlt, bist du auf dem richtigen Weg und dir kann nichts passieren. Deine Gedanken sind eine Illusion. Sie erschaffen etwas, was längst vergangen ist, oder zeigen dir eine Zukunft, die es nicht gibt. Du musst im Augenblick verweilen, wenn du auf der Suche nach dem Sinn des Lebens vorankommen willst.« Damit schloss der Beduine seine Erklärungen. Nun verstand Ala K'in, wie er der Schlucht aus Tod und Verderben hatte entkommen können und was ihn von seinen gefährlichen Erlebnissen in dem Gedankenspiegel zurück in die Wüste und zu In Lak'ech gebracht hatte.

Ala K'in hatte eine universelle Einsicht. Aber er spürte auch, dass das noch nicht die endgültige Antwort auf die Frage sein konnte, die ihn hierhergeführt hatte. »Selbst wenn ich mir den Augenblick bewusst mache: Wie finde ich dann den Sinn des Lebens?«, fragte er den Beduinen zweifelnd. »Nun«, sagte der Beduine ruhig und mit sanfter Stimme, »das ist Teil der zweiten Prüfung.«

Ala K'in hatte noch so viele Fragen. Aber als er wieder aufsah, merkte er, dass In Lak'ech verschwunden war. Wo eben noch der Beduine vor dem Tisch mit dem Spiegel gesessen hatte, war einzig die Palme, die ein wenig Schatten spendete. »In Lak'ech«, rief Ala K'in aus Leibeskräften in die Weite der Wüste. »Wo bist du? Was soll ich machen? Was ist meine zweite Aufgabe?« Aber es kam keine Antwort.

Verzweifelt und alleingelassen setzte sich Ala K'in in den Schatten der Palme und starrte in die Wüste. Eben glaubte er noch, sich eine wichtige Lebensweisheit erschlossen zu haben: dass man im Augenblick leben müsse und seine Gedanken nicht allzu sehr auf die Zukunft oder die Vergangenheit richten solle. Dass dies der erste Schritt sei, um den Sinn zu finden, nach dem er in seinem Leben suchte. Doch nun war er unsicher. Sollte er hier nur sitzen und im Augenblick verweilen? War das die zweite Prüfung? Ala K'in fühlte, dass es nicht darum ging. Hatte In Lak'ech ihn nicht auch gelehrt, dass man auf diese innere Stimme hören sollte, egal, was sie einem nun sagte?

»Aber was dann?«, dachte er bei sich. »Soll ich einen Ausweg suchen? Ist das die Aufgabe, die man jemandem stellt, den man alleine in der Wüste zurücklässt?« Ala K'in war ratlos. Er versuchte, sich zu konzentrieren. Er horchte in sich hinein, ob er seine innere Stimme hören konnte, aber er hörte nichts. Eine ganze Weile lang musste er so unter der Palme gesessen und gegrübelt haben, als Hunger und Durst sich bemerkbar machten und ihm einfiel, dass er nichts zu essen und zu trinken bei sich hatte. *Ich werde hier nicht eine Nacht überleben*, dachte er. Doch dann hielt er inne. Nein, er würde nicht wieder den Gedanken die Kontrolle über sein Leben überlassen. Es kostete ihn eine enorme Anstrengung, aber mit all seiner geistigen Kraft schaffte er es. Er akzeptierte den Hunger. Er akzeptierte den Durst. Wenn sich ein Gedanke regte, der ihn in eine sorgenvolle Zukunft führte, so hielt er inne und versuchte, im Hier und Jetzt zu bleiben und sich in den Augenblick zu versenken. So saß Ala K'in dort unter der Palme in der Wüste und merkte nicht einmal, wie ihn die Müdigkeit übermannte und er friedlich im Schatten der Palme einschlief.

»Wir müssen langsam aufbrechen«, war das Erste, das er wieder hörte. Es klang wie eine Stimme in einem Traum, doch als er sie zum zweiten Mal hörte, schlug er die Augen auf und war überrascht. Denn er blickte sich um und sah in die Richtung, aus der die Stimme wohl hergekommen sein mochte, doch es war weit und breit kein Mensch zu sehen. »Wir müssen langsam aufbrechen«, hörte er es nun. Ala K'in sah auf. Dort war etwas. Aber konnte die Stimme von dem gekommen sein, was ihm nun direkt gegenüberstand?

Vor ihm stand sein Esel und schaute ihn treu an. »Wo kommst du denn her?«, fragte Ala K'in, da er keine Spuren im Sand erkennen konnte. Aber er vergaß die Frage wieder, als er sah, dass der Esel Proviant und Wasser bei sich trug. Ala K'ins Hunger und Durst schnellten ihm bei diesem Anblick in sein Bewusstsein zurück. Er stürzte sich auf den Proviant und trank zunächst das Wasser.

»Wir müssen los«, hörte er plötzlich die Stimme wieder sagen. Vor Schreck hätte er fast das Wasser fallen lassen. Er fuhr herum, aber dort stand niemand. Auch sonst war niemand zu sehen. Er wandte sich langsam wieder seinem Esel zu und sah das Tier an. »Kommst du jetzt?«, hörte er noch einmal die Stimme. Er schaute dem Esel tief in die Augen. Ala K'in konnte in dem Blick nichts Besonderes entdecken, und doch fragte er sich, ob es der Esel war, der mit ihm sprach. »Wohin müssen wir denn?«, fragte Ala K'in zurück.

Es kam keine Antwort. Vermutlich hatte er sich getäuscht. *Aber in der Tat stellt sich die Frage, wohin ich aufbrechen sollte*, dachte Ala K'in. *Nun, da ich einen Esel und etwas Proviant habe, sollte ich vielleicht in die Wüste losreiten. Womöglich finde ich dort etwas, wonach ich jetzt suchen soll. Auch wenn ich nicht weiß, was es ist. Es kann ja nicht der Sinn dieser Prüfung sein, hier unter der Palme herumzuliegen.* Damit schwang sich Ala K'in auf seinen Esel und ritt los.

»Endlich geht es los«, hörte er die Stimme und zuckte ein wenig zusammen. Diesmal versuchte er gar nicht erst, sich umzuschauen. Ala K'in betrachtete eine Weile seinen Esel und fragte sich, aus wessen Kopf diese Stimme in Wirklichkeit kam. War es der des Esels oder

am Ende gar sein eigener? »Wohin sollen wir reiten?«, unterbrach ihn die Stimme in seinen Gedanken. Ala K'in beschloss, dass es der Esel sei, der mit ihm sprach, auch wenn dieser nicht den geringsten Anschein dazu erweckte. *Besser, als Selbstgespräche zu führen, dachte Ala K'in. Dann spricht eben mein Esel zu mir.*

Ala K'in überlegte ein wenig, in welche Richtung er nun reiten sollte. *Entscheide du, wohin wir reiten*, dachte er in Richtung seines Esels, schwang die Zügel, und das Tier setzte sich in Bewegung.

So ritten sie in die unendliche Wüste. Ala K'in wusste nicht, wonach er eigentlich suchte und welche Richtung er nehmen sollte. Er ließ seinen Esel entscheiden und ritt mit ihm eine gefühlte Ewigkeit durch den Sand unter einer Sonne, die ihm seltsam mild und angenehm vorkam. »Es wird Abend«, hörte er plötzlich die Stimme sagen. Ala K'in war gar nicht aufgefallen, dass die Sonne nicht mehr hoch am Himmel stand, sondern sich langsam absenkte. »Bevor der Abend hereinbricht, müssen wir ein Nachtlager aufschlagen«, sagte die Stimme, und Ala K'in antwortete seinem Esel zugewandt: »Da hast du recht.« »Haben wir unser Ziel erreicht?«, fragte die Stimme zurück. Ala K'in wusste es nicht. Er wusste überhaupt nicht, wonach er hier suchte und ob es etwas zu finden gab. Der Beduine war verschwunden und nur der Esel und eine seltsame Stimme waren ihm geblieben. »Wonach suchen wir denn?«, fragte Ala K'in den Esel lautlos in Gedanken, weil er sich nicht besser zu helfen wusste. »Vielleicht kannst du mir sagen, wonach wir suchen sollen?«, bat er das Tier im Stillen um Hilfe. Es brauchte eine Weile. Stille herrschte. Überlegte der Esel? Ala K'in dachte darüber nach, ob sich das Tier vielleicht wirklich Gedanken machen würde, als er wieder die Stimme vernahm: »Wenn du es nicht weißt, wie kann ich es dann wissen?«

Entmutigt, auf diesem Wege auch keine rechte Antwort zu finden, brachte er sein Tier zum Stehen. *In Ordnung, schlagen wir erst einmal ein Nachtlager auf*, dachte Ala K'in und bereitete alles vor. Die Sonne stand nun schon tief am Horizont und er konnte spüren, wie die Kälte langsam in die Wüste einzog, die eben noch warm und angenehm gewesen war. Nachdem er ein wenig von dem restlichen Proviant mit seinem Esel geteilt hatte und die Sonne langsam am Horizont verschwand, zündete er ein Feuer an. *Was sollen wir nur suchen?*, dachte er abermals. An die hundert Mal hatte Ala K'in diesen Gedanken gehabt, dann überkam ihn eine große Müdigkeit und mit Einbruch der Nacht war er schließlich eingeschlafen.

Als er am nächsten Morgen erwachte, sah er zuerst die helle Sonne am Himmel. Sie stand schon leicht auf den Mittag zu, aber es war dennoch angenehm kühl auf dem Platz, auf dem er lag. Ala K'in begann, sich gerade darüber zu wundern, als er merkte, dass er nicht mehr auf der Stelle lag, bei der nachts noch das Feuer gebrannt hatte. Erschrocken richtete er sich auf und fand auch seinen Esel nicht mehr vor. Er versuchte, seine aufkommende Panik zu kontrollieren, so wie er es gelernt hatte, als sein Blick auf einen Schatten am Boden fiel. Er war wohl der Grund dafür, dass die Stelle, auf der er bis eben gelegen hatte, so angenehm kühl war. Als Ala K'in sich verwundert umdrehte, um den Ursprung dieses langen Schattens auszumachen, sah er zu seiner großen Überraschung die Palme vor sich, von der er gestern doch erst aufgebrochen war.

Doch bevor er überhaupt darüber nachdenken konnte, ob es wirklich dieselbe Palme war, hörte er wieder die Stimme zu ihm sprechen: »Wir müssen langsam aufbrechen.« Als er sich abermals umdrehte, stand wieder sein Esel vor ihm. Aber etwas war anders als am Vorabend. Sein Blick fiel auf die Proviantaschen und den Wasserbeutel. Sie waren wieder prall gefüllt wie am Vortag. »Lass uns aufbrechen«, hörte er die Stimme sagen.

Also ein neuer Versuch. Nun gut, mir ist hier schon einiges Seltsames passiert, dachte er. *Wahrscheinlich war es gestern der falsche Weg gewesen.* Er schwang sich auf seinen Esel, zog an den Zügeln und lenkte das Tier in die zum Vortag entgegengesetzte Richtung. »Diesmal entscheide ich«, sagte er zu seinem Tier und stellte mit Verwunderung fest, dass die Stimme ihm antwortete: »Wenn du weißt, wo du hinwillst ...«

So ritten sie nun ein zweites Mal und ein drittes, und immer wieder fand sich Ala K'in am nächsten Morgen unter der Palme wieder. Egal in welche Richtung er ritt, egal, wo er am Abend sein Nachtlager aufschlug, egal, wer die Entscheidung traf, wohin sie ritten: Alle Wege führten ihn jedes Mal wieder zurück zu der Palme, von der aus er am ersten Morgen losgeritten war. Ala K'in hatte das Gefühl, die Ewigkeit zu entdecken. Es schien ihm, als seien nicht nur Tage und Monate, sondern Jahre und Jahrzehnte vergangen, die er so verbracht hatte. Es gab Zeiten, da hatte er das Gefühl, ein alter Mann geworden zu sein. Auch sein Esel war in die Jahre gekommen und schleppte sich nur noch mühsam durch den heißen Wüstensand. Zu anderen Zeiten fühlte er sich wieder jung und frisch, einem jungen Erwachsenen gleich, der mit einem kräftigen und jungen Tier unterwegs war. Eine Weile lang kamen ihm diese Zustände merkwürdig und unnatürlich vor, bis ihm einfiel, dass der Beduine gesagt hatte, in dieser Welt existierten Zeit und Raum nicht.

Der Beduine, an dessen Name sich Ala K'in schon fast nicht mehr erinnerte, so ewig lang schien die Begegnung bereits her. Diese Begegnung, die vor so unendlich vielen Tagen stattgefunden hatte, bevor der Beduine noch etwas gesagt hatte und dann verschwunden war. Was war es doch gleich? Was hatte der Beduine noch zu ihm gesagt? Es wollte Ala K'in nicht mehr einfallen, als eine Stimme, von der er nicht recht sagen konnte, ob es seine eigene, eine fremde oder die seines Esels war, den letzten Satz des Beduinen wiederholte: »Das ist Teil der zweiten Prüfung.«

Was, dachte Ala K'in in dem Moment, *was war Teil der zweiten Prüfung? Was hatte der Beduine gesagt, sollte er hier lernen?* Es dauerte eine weitere halbe Ewigkeit, bis es ihm wieder einfiel. Als er am nächsten Morgen im Schatten seiner Palme aufwachte und seinen Esel sah, wusste er, was er zu tun hatte.

Kapitel 20

Sonnenstrahlen weckten Tom aus seinem Schlaf. Sie drangen langsam durch die Fensterverschläge und ließen etwas Licht in das dunkle Schlafzimmer. Es war bereits etwas später am Vormittag, denn Tom hatte länger geschlafen als gewöhnlich. Das Erste, das er realisierte, war, dass er wieder geträumt hatte. Ganz so, wie es ihm der Traumdeuter vorhergesagt hatte. Diesmal kam es Tom wie ein unendlich langer Traum vor und er fragte sich, ob er bereits eine Ewigkeit hier in seinem Bett lag. Jahre schienen vergangen zu sein, seit der Traumdeuter wieder aufgetaucht war und mit ihm am Feuer des Kamins einen Tee getrunken hatte.

Als er etwas benommen in den Wohnraum ging, saß dort tatsächlich kein Traumdeuter mehr. Dann aber sah Tom die Asche im Kamin, die das Feuer vom Vorabend hinterlassen hatte. Es musste sein Traum gewesen sein, der ihm dieses Gefühl der Ewigkeit vermittelt hatte. Langsam erinnerte er sich, dass er unendliche Male die Wüste durchquert hatte. Er war auf der Suche nach etwas, das er nicht finden konnte, und jeden Morgen hatte er wieder von derselben Stelle aufbrechen müssen. Gerade wusste er noch, was er zu tun hatte, dann war er aufgewacht. Sosehr er es auch versuchte, Tom konnte sich nicht mehr daran erinnern, wie er diese Prüfung hatte bestehen wollen.

Er machte sich einen Kaffee, um munter zu werden, denn er fühlte sich immer noch, als hätte er ein halbes Jahrhundert geschlafen. Draußen sah alles aus wie immer, und nur die fehlende Urkunde über der Eingangstür erinnerte ihn an das Gespräch mit dem Gutsbesitzer am Vorabend. Tom würde nicht wie dieser einem falschen Traum hinterherlaufen. Das hatte er sich gemerkt. *Aber was ist mein richtiger Traum?* Er erinnerte sich an die Worte des Beduinen. *Vertraue auf den Augenblick. Er ist das Einzige, das real ist. Wenn er sich richtig anfühlt, bist du auf dem richtigen Weg.* Im Traum hatte sich diese Erkenntnis so vollkommen richtig angefühlt. Aber jetzt wusste Tom beinahe nichts mehr damit anzufangen.

Er sah auf die Uhr und bemerkte, dass es inzwischen fast Mittag war. Wenn er nicht bald mit seinen Arbeiten anfing, würde er heute Abend dem Gutsbesitzer keinen Fortschritt präsentieren können. Also beschloss er, nicht weiter über seinen Traum nachzudenken, sondern wandte sich seinen Arbeiten zu. Für heute hatte er sich vorgenommen, den alten Springbrunnen wieder in Gang zu setzen, und das würde ein gutes Stück Arbeit werden. Irgendwann würde vielleicht auch der Traumdeuter wieder von selbst auftauchen und ihm bei der

Deutung seines Traums behilflich sein. Aber selbst, wenn das nicht passieren sollte, fühlte Tom mit einem Mal eine innere Gelassenheit, die Dinge einfach auf sich zukommen zu lassen. *So hat sich mein Leben nicht mehr angefühlt, seit ich damals in Nepanthé war,* dachte Tom mit einer gewissen Zufriedenheit. Er dachte an seinen grünen Kristall, der immer noch in der Schachtel neben seinem Bett lag. Zum ersten Mal trug er ihn nicht die gesamte Zeit bei sich. Hier oben auf der Finca musste er nicht fürchten, dass er ihm abhandenkäme. Bei dem Gedanken bemerkte er, dass sich etwas in ihm verändert hatte. Hatten ihn doch immer wieder Gedanken geplagt, die von Verlust oder Sorge geprägt waren, spürte er nun ein gewisses Maß an Gelassenheit. Der Traumdeuter hatte ihm vor Augen geführt, dass ihn seine Gedanken oftmals in Schrecken versetzten. Gerade die Angst, seinen Stein zu verlieren, war regelmäßig unbegründet und hatte viel Misstrauen in ihm erzeugt. Nun aber war er in Bezug auf diesen Gedanken vollkommen ruhig und gelassen. *Du hast die erste Prüfung bestanden.* Tom erinnerte sich an die Worte des Traumdeuters.

Mit diesem Bewusstsein machte er sich wieder an die Arbeit und versank ganz in seiner Tätigkeit. Er war gespannt, wohin ihn die zweite Prüfung führen sollte. Mit der freudigen Gewissheit, seinen Weg bislang so gut beschritten zu haben, sah er den Ereignissen entgegen, die da noch kommen würden. Hätte er gewusst, was ihn erwartete, er hätte seine Suche sicherlich abgebrochen.

Kapitel 21

Elf Monate und neunzehn Tage waren vergangen, seitdem Tom den Traktor repariert hatte. Inzwischen war die Finca vollends zu neuem Leben erwacht.

Tom hatte den alten Stall neu errichtet, der nun wieder Pferden eine Unterkunft gab. Ein Knecht des Gutsbesitzers fuhr jetzt regelmäßig mit dem Traktor über die Felder und bewirtschaftete das Land. Der Hauptweg um das Anwesen war neu angelegt. Prachtvolle Hecken zäunten den Hügel ein, auf dem die Finca lag, und auf der Wiese blühten Blumen und Mandelbäume. Den kleinen Pfad, der hoch zum Haus führte, hatte Tom fachgerecht wieder instand gesetzt. Eine kleine Treppe aus Granitsteinen führte nun den pittoresken Weg entlang zu der wunderschönen Veranda. Man kam vorbei an dem plätschernden Brunnen auf dem kleinen Platz. Dahinter hatte Tom das Schwimmbecken vom Kies befreit und in dem klaren, frischen Wasser konnte man nun auf den Horizont zuschwimmen. Der Ort war perfekt.

Als der Gutsbesitzer an diesem Abend kam, saß Tom auf der Terrasse und zählte sein Geld. Er hatte nun ge-

nug verdient, um in seine alte Heimat zurückzukehren und sein altes Leben wieder aufzunehmen. Als der Gutsbesitzer Tom so sah, wurde ihm ein wenig weh ums Herz. Er hatte sich in diesen Monaten an den Jungen gewöhnt. Die abendlichen Besuche waren zu einem festen Ritual geworden, und während er am Anfang vor allem die Arbeiten kontrollieren und den Fortschritt verfolgen wollte, musste er sich eingestehen, dass es die Gespräche mit diesem Jungen waren, die ihm mehr geschenkt hatten, als er sich von der Finca je hatte erhoffen können. Er konnte sich kaum vorstellen, wie es hier oben ohne den Jungen einmal sein würde.

»Was ist mit deinem Traum?«, fragte ihn der Gutsbesitzer, als sie später wieder bei einer Flasche Wein auf der Terrasse saßen.

Tom schaute den Gutsbesitzer eine Weile nachdenklich an. »Ich bin noch dabei, es herauszufinden«, sagte er schließlich. »Ich hielt diese Finca für meinen Lebenstraum. Sie wieder aufzubauen, so wie ich mein Leben neu errichten wollte, fühlte sich richtig an. Dann aber habe ich gemerkt, dass es bloß eine Erinnerung an die Vergangenheit war, die mich täuschte. Der Gedanke, wieder die Leichtigkeit der Kindheit spüren zu können, führte mich in die Irre. Ich hatte gedacht, hier könnte ich die Erinnerungen erneut auferstehen lassen, die ich an meinen Vater hatte, mit dem ich als kleiner Junge oft in dieses Land kam. Aber die Zeit lässt sich nicht zurückholen. Sie ist unwiederbringlich vorbei. Wer seine Gedanken zu sehr auf die Vergangenheit ausrichtet, für den werden sie unweigerlich zu Blei. Dasselbe gilt für die Zukunft. Das habe ich hier gelernt.« Tom machte eine Pause, bevor er weitersprach.

»Ich habe gelernt, mich in mein Tagewerk zu versenken. Ich bin mit den unzähligen Momenten verschmolzen, die es in den letzten Monaten gab. Sie haben mich mit allem verbunden, was ich getan habe. So bin ich Traktor gewesen und Springbrunnen. Ich spürte, wie die alte Scheune wieder lebendig wurde und fühlte die

Freude der zerklüfteten Treppe, auf der man nun wieder zu diesem Platz hinaufgelangen kann. Meine Seele hat all das unzählige Male berührt. Nun fühle ich eine tiefe Verbundenheit. Die Finca ist ein Teil von mir geworden, und ich bin ein Teil von ihr.«

Der Gutsbesitzer lauschte den Worten des Jungen. Eine Träne rann über sein Gesicht. Der Junge war diesem Ort so nahegekommen, wie er selbst es nie vermocht hatte. Es machte den Gutsbesitzer stolz und traurig zugleich. Nun gab es hier eine Seele. Aber es war nicht seine. Er besann sich auf die Worte des Jungen und fühlte schließlich Freude in sich aufkommen. Das Leben war an diesen Platz zurückgekehrt. Auch er war mit der Finca verbunden, wenngleich auf andere Weise. So wie der Junge die Dinge wieder hatte lebendig werden lassen, so spürte auch der Gutsbesitzer nun wieder ein wenig von den Lebenskräften in sich, die er schon so lange verloren geglaubt hatte.

»Die Finca war nicht mein Traum«, sprach der Junge weiter. »Ich habe gelernt, dass es Versenkung war, die ich hier erfahren sollte. Dieser Ort war nur eine erste Prüfung, die ich bestehen musste. Er sollte mir zeigen, dass Gedanken und falsche Träume in den Abgrund führen können und dass die Suche nach dem eigenen Lebenstraum die Fähigkeit umschließt, den Moment in seiner vollen Schönheit zu erfahren.« Tom schaute den Gutsbesitzer an. »Das ist das Geschenk, das ich hier gefunden habe, und wofür ich auch Euch dankbar bin.«

Zufrieden blickte ihn der Gutsbesitzer an. Er merkte, dass er weit mehr erreicht hatte, als nur seine alte Finca wieder errichten zu lassen, und das erfüllte ihn mit Frieden. »Wie willst du deinen Lebenstraum nun finden?«, fragte er den Jungen, nachdem er eine Weile die sich neigende Sonne am Horizont betrachtet hatte.

»Ich weiß es nicht«, sagte der Junge. »Im Traum habe ich es bereits gewusst. Dort bin ich umhergeirrt, um dieses Ziel zu finden. Endlos habe ich danach gesucht, ohne zu wissen, was es ist. Eine Stimme ließ mich immer wieder aufbrechen. Rastlosigkeit machte sich in mir breit, und so, wie ich mir jeden Tag die Frage stelle, was der Sinn meiner Existenz ist, habe ich die Wüste nach einer Antwort durchquert.« »Wohin hat dich deine Suche geführt?«, fragte der Gutsbesitzer. Er machte sich bewusst, dass er selbst nie aufrichtig versucht hatte, seinen wahren Lebenssinn zu erspüren, und fühlte, dass er von diesem Jungen noch etwas lernen konnte.

»Meine Suche hat mich immer wieder zurückgeworfen. Jeden Tag begann ich von Neuem an derselben Stelle. Was auch immer ich anstellte, nie erreichte ich ein Ziel. Immer wieder ließ mich die Wüste meinen Weg von vorne beginnen. Aber ich trage die Erkenntnis bereits in mir. Denn ich hatte sie in meinem Traum. Ich glaube, es ist meine zweite Aufgabe, mir diese Erkenntnis bewusst zu machen, um meinem Lebenstraum näherzukommen.« Bei diesen Worten dachte Tom an seinen grünen Kristall. *Er weiß bereits, wohin dein Weg dich führt. Er wird dich weiterführen.* Das waren die Worte des Traumdeuters, und Tom wurde klar, wie recht er doch mit allem hatte.

»Wohin willst du nun gehen?«, fragte ihn der Gutsbesitzer. Er blickte auf das Geld, das Tom den Tag über gezählt und immer noch vor sich liegen hatte. »Du hast genug verdient, um in deine alte Heimat zurückzukehren.« Tom sah das Geld an und dachte eine Weile nach. Er berührte seine kleine Schachtel, die er in seiner Hosentasche hatte, und sagte schließlich: »Vor nicht allzu langer Zeit hatte ich geglaubt, dass ich in mein altes Leben zurückkehren kann. Ich wollte vergessen, was mir hier widerfahren ist, als ich die Finca und meinen gesamten Besitz verlor.« Tom schaute den Gutsbesitzer dankbar an. »Nun aber möchte ich nicht missen, was mir dadurch hier zum Geschenk gemacht wurde. So wie ich die Erinnerung an meine Kindheit nicht wieder auferstehen lassen konnte, so kann ich auch nicht in mein altes Leben zurück, das es doch so nicht mehr gibt. Ich habe keine Heimat mehr. Aber nun stehen mir alle Wege offen. Ich kenne mein Ziel zwar nicht, aber ich werde gehen, wohin das Leben mich schickt, um es zu erreichen.«

Der Gutsbesitzer sah Tom lange an. Die tiefe Gelassenheit, die aus dem Jungen sprach, hatte etwas Tröstliches. Wieder spürte er den Wunsch, den Jungen noch länger um sich zu haben. »Lass uns morgen den Wiederaufbau der Finca ein wenig feiern«, schlug er plötzlich vor. »Nimm dir den Tag für dich. Du hast diesen Ort in dem ganzen Jahr fast nie verlassen. Erkunde das Dorf und die Gegend. Wenn du abends zurückkehrst, werde ich ein Mahl für uns vorbereitet haben. Dann sehen wir, wohin dein Weg dich als Nächstes führt.« Tom nahm das Angebot dankbar an und fragte sich, ob es noch etwas anderes gab, das der Gutsbesitzer mit dieser Einladung bezwecken wollte.

Kapitel 22

Das Mädchen stand oben am Fußende der Treppe, die zur Finca führte. Die Abendsonne spiegelte sich in ihrem schönen Gesicht. Ein Lächeln umspielte ihre Lippen. Tom bekam weiche Knie, als er die Treppe zur Finca emporstieg. Noch nie hatte er ein solches Mädchen gesehen. Sie sah aus wie ein Engel. Als das Lächeln zu einem strahlenden Lachen wurde, ergriff ihn ein Gefühl, das Tom bislang völlig unbekannt war. Er spürte die Liebe. Als er die letzte Stufe zur Finca erklommen hatte und vor dem Mädchen stand, war er wie verwandelt. Ein Zauber lag nun über seinem Leben, den er seit seiner Kindheit nicht mehr gekannt hatte. Alles war leicht und unbeschwert. Er brauchte keine Versenkung in seiner Arbeit, um zu wissen, dass dieser Moment vollkommen war. Und von nun an würde jeder Augenblick in seinem Leben diese Vollkommenheit in sich tragen. Tom war angekommen.

Er erinnerte sich an den Zauber in seiner Kindheit. Er dachte an seinen Vater und die Leichtigkeit, die das Leben damals hatte. Auch jetzt spürte er diese Leichtigkeit, aber es war doch mehr. Tom schwebte innerlich. Beim Anblick des Mädchens fühlte er eine tiefe Verbundenheit, wie er sie noch nie in seinem Leben gespürt hatte, nicht einmal zu seinem Vater. Tom spürte die Weltenseele. Sein grüner Kristall, der nun wie immer in der geöffneten Schachtel neben seinem Bett lag, gehörte tatsächlich zu der *Tabula Smaragdina*. Er offenbarte das Geheimnis, das die Weltenseele in sich trug. Tom brauchte das Mädchen nur anzusehen und konnte fühlen, wie alles miteinander verbunden war. Es genügte, in ihrer Gegenwart zu sein, und das Leben zeigte sich ihm in seiner ganzen Vollkommenheit. *Alles ist richtig, so wie es ist*, dachte Tom und war von Liebe erfüllt. Sein Stein hatte ihn hierhergeführt. Der Tod seines Vaters war nicht umsonst. Er hatte ihm den Weg gewiesen zu diesem zauberhaften Geschöpf und zum Sinn seines Daseins.

»Du musst Tom sein«, begrüßte ihn das Mädchen. Tom, der bis dahin geglaubt hatte, die Liebe bei ihrem Anblick bereits zu kennen, erlebte nun, wie sich Vollkommenheit anfühlte, als er den Klang ihrer Stimme hörte. Hatte Tom diese Stimme bereits in seinem Traum gehört? Er war sich nicht sicher. War sie die Eingebung, von der er noch in der Wüste geträumt hatte, kurz bevor er aufwachte? Fast war er sich sicher. Was er aber wirklich sicher wusste, war, dass ein Leben ohne dieses Mädchen fortan undenkbar für ihn war.

»Ich bin Juanita«, sagte das Mädchen, und bei jedem

dieser Worte fühlte Tom sich verzaubert. Er musste wie in Trance dagestanden haben, denn das Mädchen lächelte nun verlegen und erzählte, dass der Gutsbesitzer drinnen bereits kochte. Er hatte sie eingeladen, weil er ihr unbedingt den jungen Mann vorstellen wollte, der diese alte Ruine wieder in ein lebendiges Anwesen verwandelt hatte. »Du musst zaubern können«, sagte sie mit der Dankbarkeit eines kleinen Mädchens, das etwas längst Verlorenes zurückbekam. Ihr Blick ruhte jetzt auf Tom, aber er war immer noch nicht imstande, etwas zu sagen. *So muss sich ein Traum anfühlen*, dachte er bei sich.

Der Gutsbesitzer erschien und unterbrach die harmonische Stille, in der die beiden voreinander standen. »Ihr habt euch bereits kennengelernt, wie schön«, sagte er kurz. »Ich hoffe, du bist mir nicht böse, dass ich an unserem letzten Abend Gesellschaft mitgebracht habe.« Tom konnte sich nicht vorstellen, wie er dem Gutsbesitzer hätte böse sein können. Aber seine Worte erinnerten ihn daran, dass er nun bald schon diesen Ort verlassen würde. Der Gedanke versetzte ihm einen Stich. Er beneidete den Gutsbesitzer um das junge Mädchen, das sich um ihn kümmerte.

Wie sich herausstellte, hatte Juanita den Gutsbesitzer in seinen kranken Tagen gepflegt. »Ohne Juanita wäre ich sicher nicht mehr am Leben«, erzählte er beim Abendessen. Er lächelte und Tom fragte sich, was es wohl für eine Art von Liebe sei, die den Gutsbesitzer mit dem jungen Mädchen verband. Es schien eine andere Liebe zu sein als die, die er empfand. Vielleicht lag das aber auch an seinem Alter.

Lange hatten sie sich während des Essens unterhalten. Tom hatte noch nie so viel erzählt, seit er vor vielen Monaten hier angekommen war. Der Gutsbesitzer beobachtete, wie das Mädchen Tom anschaute. Er sah etwas in ihrem Blick, was er noch nie zuvor gesehen hatte. Er spürte, dass es eine Liebe war, die weit jenseits dessen lag, was sie für ihn immer empfunden hatte. Als die Zeit gekommen war, voneinander Abschied zu nehmen, nahm der Gutsbesitzer Tom beiseite. »Wohin willst du nun gehen?«, fragte er ihn prüfend. »Ich weiß es nicht«, antwortet Tom und versuchte, die leichte Verzweiflung zu überspielen, die der Gedanke an den Abschied in ihm aufkommen ließ. »Ich denke, ich werde erst einmal in meine alte Heimat fahren und dann darüber nachdenken.« Der Gutsbesitzer sah ihn lange an. »Ich denke, es wird besser sein, wenn du hier darüber nachdenkst«, sagte er dann. Nach diesen Worten wandte er sich dem Mädchen zu, das bereits am Fuße der Treppe auf sie gewartet hatte. »Tom möchte dir morgen gerne noch den Traktor zeigen, den er damals repariert hat, mein Liebling.« Er gab ihr einen Kuss auf die Wange. »Ich werde nicht dabei sein können, aber ich bin sicher, er wird sich gut um dich kümmern.« Mit einem Lächeln wandte er sich zurück an Tom. »Pass gut auf meine Tochter auf. Sie ist ein Kleinod. Und ein Kleinod findet man nur selten im Leben.« Bei diesen Worten schaute Tom den Gutsbesitzer an. Er wusste nun, dass er sein restliches Leben auf dieser Finca verbringen würde.

Kapitel 23

Weitere fünf Monate und sechzehn Tage waren seit seiner ersten Begegnung mit Juanita vergangen, als Tom ins Dorf fuhr, um Besorgungen zu erledigen. Das Leben schien wie im Zeitraffer vorbeigegangen zu sein. Als er durch die kleinen Gassen schlenderte, dachte er an den Moment zurück, als er dem Mädchen seine Liebe gestanden hatte. Sie hatte den Traktor sehen wollen, von dem ihr Vater ganz zu Beginn erzählt hatte. Tom hatte sie ermutigt, zu ihm hoch auf den Sitz zu klettern, obwohl sie ein wenig Sorge hatte, weil die Maschine so groß und schwer war. »Wenn ich bei dir bin, kann dir nichts passieren«, hatte Tom ihr zugerufen, und sie hatte gelächelt. Sie waren eine Weile über die Felder des Tals gefahren, als Tom an einem Mandelbaum hielt. Noch auf dem Traktor sitzend hatte er ihr gesagt, wie sehr er sie liebte. Sein Herz schlug höher, aber schon bei ihrem ersten Lächeln sah er, dass es ihr genauso ging. Sie hatten sich gefunden. Wären damals noch Schmetterlinge um sie herumgeflogen, Tom hätte ihr vermutlich sofort einen Antrag gemacht. Nun war er froh, dass dieser Moment erst noch kommen sollte. *Wir haben alle Zeit der Welt*, dachte er bei sich und überlegte, wann er sie wohl fragen würde.

Bei diesem Gedanken merkte Tom plötzlich, dass er vor dem kleinen Restaurant stand, in dem der Gutsbesitzer ihm damals angeboten hatte, die Finca wieder instand zu setzen. *Ob das ein Zeichen war? Sollte er hier bei ihrem Vater zunächst um ihre Hand anhalten, wie es die Tradition gebot?*, fragte sich Tom. Er wusste inzwischen, dass Juanitas Vater immer hierherkam, wenn es um wichtige Entscheidungen ging. Als er sich dem Lokal mit dem kleinen Tisch davor näherte, bemerkte er einen alten Mann, der auf dem Stammplatz des Gutsbesitzers saß. Er wäre ihm nicht aufgefallen, wenn er nicht an diesem Tisch gesessen hätte. Noch nie hatte er in all den Monaten, die er hier nun schon lebte, jemand anderen als den Gutsbesitzer dort sitzen sehen. Doch als er auf den Alten zuging, merkte er, wer genau dort vor ihm saß.

»Ich war immer bei dir. Du hast mich nur nie bemerkt«, begrüßte ihn der Traumdeuter etwas wehmütig. Tom wunderte sich. Er hatte geglaubt, dass der Alte nach der Nacht am Kamin für immer verschwunden war. Er hatte schon Sorge, ihm könne etwas zugestoßen sein, da sein Verschwinden so plötzlich und ohne Abschied gekommen war. Nachdem er aber von keinem Unfall in der Gegend gehört hatte, beruhigte sich Tom damit, dass der Traumdeuter wohl nur in Geldnöten gewesen war und andere Kontakte im ganzen Land aufsuchen würde, um ausstehende Bezahlungen einzufordern. Der alte Mann tat ihm leid. »Kann ich mich zu Euch setzen?«, fragte Tom und setzte sich zu dem Alten, ohne eine Antwort abzuwarten, um ihm auch ein wenig Gesellschaft zu leisten. Erfreut erzählte er dem Traumdeuter von seinen Erlebnissen. Er berichtete von der Fertigstellung der Finca und der Freundschaft zum Gutsbesitzer. Er erzählte, dass dieser ihn am letzten Abend zu einem Abendessen auf der Finca eingeladen

hatte und wie dieser Abend sein Leben verändert hatte. Als er von dem Mädchen sprach, schaute ihn der Traumdeuter stumm an. *Er will wahrscheinlich von meinem letzten Traum erfahren*, dachte Tom und wunderte sich, dass der weise Mann nicht seine Gedanken zu lesen schien. *Vielleicht ist er inzwischen zu alt und verliert allmählich seine besondere Gabe*, dachte Tom nun ein wenig traurig. War es noch Misstrauen gewesen, mit dem er dem Alten das letzte Mal begegnet war, so fühlte er nun Mitleid mit ihm. Tom beschloss, ihm von seinem letzten Traum zu erzählen. Das würde ihn vielleicht aufheitern. Er erzählte von dem Beduinen und dass er tatsächlich die erste Prüfung bestanden hatte, wie es ihm der Traumdeuter vorhergesagt hatte, weil er sich keine Gedanken mehr machte. Er erklärte, wie er gelernt hatte, sich im Augenblick zu versenken. Er berichtete, dass er unzählige Male ziellos auf seinem Esel durch die Wüste geritten und schließlich an dem letzten Morgen unter der Palme zu einer weiteren Erkenntnis gekommen war.

»Ich weiß nun, was ich bereits am Ende meines letzten Traums in der Wüste wusste.« Tom guckte den Traumdeuter freudestrahlend an. Er war so euphorisch, dass er nicht bemerkte, wie der alte Mann immer stiller wurde und fast ein wenig traurig wirkte. »Es gibt kein Ziel. Das Leben funktioniert nicht so. Der Mensch glaubt, sich Ziele suchen zu müssen, so wie ich im Traum in der Wüste immer wieder aufgebrochen bin. Es ist eine Stimme, die das Universum in uns erklingen lässt. Ei-

nige hören diese Stimme erst gar nicht. Aber wer gelernt hat, ganz bei sich zu sein und seine innere Stimme wiederentdeckt, der hört darin den Ruf seines Herzens. So musste auch ich mich in meiner zweiten Prüfung in der Wüste dieser inneren Stimme stellen. Es war mein Herz, das ich nun wieder hören konnte, nachdem ich gelernt hatte, meine Gedanken zu beherrschen und mich nicht von ihnen in den Abgrund ziehen zu lassen.«
Erwartungsvoll schaute Tom den Traumdeuter an. Doch dieser schwieg und blickte ihn müde an. Tom bemerkte jetzt auch die Traurigkeit in seinem Blick und fragte sich besorgt, ob es dem alten Mann gut ging. Vielleicht kam er nur schwer damit zurecht, dass Tom schon selbst auf die Deutung seines Traums gekommen war. Vielleicht fühlte er sich nicht mehr gebraucht, nachdem er nun ja auch schon älter wurde und seine Kräfte langsam nachließen. Oder er brauchte womöglich dringend Geld und war auf die Belohnung angewiesen, die er von Tom für seine Traumdeutung einmal einfordern wollte. *Ich werde ihm gleich nachher etwas Geld geben. Schließlich hat er meinen ersten Traum gedeutet und so habe ich von ihm gelernt, wie man selbst die Botschaft seiner Träume erkennt.* Dass es der Herzensstein sein könnte, den der Traumdeuter am Ende begehrte, kam Tom nicht mehr in den Sinn. Sein Leben ließ sich schon lange nicht mehr von den Gedanken leiten, die einst Misstrauen und Angst in ihm hervorgerufen hatten. Tom dachte wieder an Juanita und fuhr fort, dem Traumdeuter von seiner

Erkenntnis zu erzählen, die er meinte, aus seinem letzten Traum deuten zu können.

»Selbst als die Stimme meines Herzens mich im Traum immer wieder aufforderte aufzubrechen, so irrte ich doch bloß ziellos in der Wüste umher. Denn ich wusste nicht, wonach ich suchte. Ewigkeiten vergingen, und so hätte ich endlos die Wüste durchquert, ohne voranzukommen, wenn ich nicht am Ende verstanden hätte, worum es bei dieser Prüfung ging. Im Traum hatte ich es schon gewusst. Im Leben habe ich es erst erfahren, als ich Juanita traf.« Er lächelte. Es war ein Lächeln, wie es nur die Liebe hervorzaubern kann. »Das Universum hat mir gezeigt, dass sich die Dinge manchmal ganz von allein ergeben. Das Leben hat immer einen Plan, auf den man sich verlassen kann. Es mag Umwege bereithalten und Zeiten geben, in denen es dunkel ist.« Aus Toms Lächeln war jetzt ein Strahlen geworden. »Aber am Ende erscheint nach der dunkelsten Stunde die Sonne und weist einem den Weg. Ich wusste zunächst nicht, wohin mein Weg mich führen sollte, nachdem ich die Finca instand gesetzt und wieder alle Möglichkeiten hatte. Ich besaß nun genug Geld, um nach Hause in mein altes Leben zurückzukehren. Aber auch jedes andere Ziel stand mir nun offen, nur wusste ich nicht, was meine Bestimmung war. Genau in diesem Moment schickte mir das Universum Juanita.« Tom fühlte, wie sein Herz bei ihrem Namen einen Sprung machte. »Es zeigte mir, dass ich nur bleiben musste, wo ich war, und dass das Glück der Welt von selbst zu mir kommen würde.«

Der Traumdeuter wollte etwas sagen. Tom war es fast, als winde er sich ein wenig im Schmerz. *Vielleicht hat er große Sorge, sein Recht auf Belohnung verwirkt zu haben, da ich meinen Traum nun schon so gut allein deuten kann. Vielleicht hat er Geldsorgen, nachdem er Nepanthé verlassen hat, und weiß nicht einmal mehr, wie er sein Essen bezahlen soll.* Tom beschloss, ihn einzuladen. Er würde ihm danach sogar einen beträchtlichen Teil von seinem Geld geben, das er nun nicht mehr brauchte, und das der Traumdeuter so viel nötiger zu haben schien, denn auf dessen Gesicht sah Tom nun wirklich tiefen Kummer und Sorge.

Tom wagte aber nicht danach zu fragen, da er den alten Mann nicht in Verlegenheit bringen wollte, und schloss stattdessen seine Ausführungen ab: »Im Traum hatte ich bereits den Entschluss gefasst, am nächsten Tag nicht mehr in die Wüste zu reiten, sondern unter der Palme zu warten auf das, was das Universum für mich bereithält.« Tom machte eine Pause. »Dann trat Juanita in mein Leben. Durch sie habe ich verstanden, dass das Universum dem Menschen den Zweck der Existenz ganz von selbst offenbart, wenn die Zeit dafür gekommen ist, ohne dass man danach suchen muss. Juanita ist mein Lebenssinn. Ich habe endlich die Antwort auf die Frage gefunden, die mich einst nach Nepanthé und zu Euch geführt hat.« Tom lächelte. Er hatte sich noch nie so glücklich gefühlt. Alle Qualen und Mühen der Vergangenheit hatten sich gelohnt. Er erinnerte sich, wie verzweifelt er gewesen war, nachdem er sein Vermögen verloren hatte. Er dachte daran, mit welcher Orientierungslosigkeit er in dieses Land gekommen war, bevor er in Nepanthé die Sorglosigkeit geschenkt bekam. Sogar den Tod seines Vaters konnte er auf einmal aus einer anderen Perspektive sehen. *Er hat mich letztlich hierhergeführt. Ohne ihn wäre ich Juanita nie begegnet.* Tom dachte an seinen Stein. *Dein Stein kennt bereits den Weg.* Das hatte der Traumdeuter ihm gleich zu Beginn ihrer Begegnung prophezeit. »Ich bin Euch für alles dankbar, was Ihr für mich getan habt«, sagte Tom nun zu dem alten Mann. Er wollte gerade das Geld hervorholen, da ließ ihn der Alte innehalten. »Schon gut«, sagte der Traumdeuter. »Dein Dank ist mir für heute genug.« *Er schämt sich sicherlich*, dachte Tom mit ein wenig Bedauern. Aber bevor er noch die Rechnung übernehmen und ihm etwas Geld zustecken konnte, war der Alte auch schon aufgestanden, hatte vorne auf dem Tresen seinen Obolus entrichtet und war verschwunden.

Kapitel 24

Tom hatte sich über den raschen Aufbruch des Traumdeuters gewundert. Er saß noch eine Weile an dem kleinen Tisch vor dem Restaurant und dachte darüber nach. Während er seinen Wein trank und sich an die Begegnungen mit diesem alten Mann erinnerte, fiel ihm auf, dass der Traumdeuter schon immer nach jedem ihrer Gespräche verschwunden war. In Nepanthé hatte er Tom noch fortgeschickt. Nach dem Abend am Kamin hatte er sich heimlich davongeschlichen. Jetzt hatte Tom das Gefühl, dass er geradezu vor ihm geflohen war, so rasch war der Traumdeuter diesmal aufgebrochen.

Er muss wirklich Probleme haben, dachte Tom noch und bedauerte, dass er keinen Weg gefunden hatte, ihm zu helfen. *Wahrscheinlich entwickelt sich das Geschäft mit der Traumdeuterei nicht mehr so wie früher.* Tom dachte kurz an seine alte Welt und konnte sich vorstellen, dass die Zeiten für Traumdeuter gerade nicht einfach sein mussten. Immer weniger Menschen gaben etwas auf ihre Träume. Wenn sie überhaupt noch träumten. Tom konnte das gut nachvollziehen. Auch er hatte nicht mehr geträumt, bis er nach Nepanthé kam. Wenn dann auch noch die wenigen, die sich ihre Träume zunächst deuten ließen, das am Ende alleine gut konnten, blieb in dieser Welt nicht viel Geschäft für einen Traumdeuter übrig.

Tom merkte, wie er langsam müde wurde. Der Wein tat seine Wirkung in der Mittagshitze. Früher wäre er misstrauisch gewesen und hätte geglaubt, der Traumdeuter hätte ihm etwas ins Glas geschüttet. Aber heute freute er sich nur an der aufkommenden Mittagsschwere. Er dachte an Juanita und war froh, dass er durch sie verstanden hatte, wie er seine letzte Prüfung in der Wüste bestehen konnte. Als er sich fragte, wann er seinem Esel und dem Beduinen wieder begegnen würde, fielen ihm langsam die Augen zu und er fing an zu träumen.

Kapitel 25

Die Sonnenstrahlen schienen auf Ala K'ins Augenlider. Er musste blinzeln, und nach einer Weile realisierte er, wo er sich befand. Wieder war er unter der Palme aufgewacht, wie schon so viele Male zuvor. Wieder lag er in dem Schatten, der ihm etwas Kühle spendete, und wieder wartete er darauf, die Stimme zu hören und seinen Esel mit dem Proviant zu begrüßen.

Aber etwas war anders als an all den anderen Morgen, die er schon durchlebt hatte. Tief in ihm hatte sich etwas verändert, seit er diese unzähligen Male die Wüste durchquert hatte, ohne zu wissen, wonach er eigentlich suchte. Ala K'in erinnerte sich daran, wie er beim ersten Mal noch verwundert gewesen war, jeden Morgen wieder am Ausgangspunkt seiner Reise unter dieser Palme aufzuwachen. Zuerst hatte er es als Chance begriffen, einen neuen Weg einschlagen zu können. Er konnte einen neuen Versuch wagen, sein Ziel zu erreichen, das er doch nicht kannte. Er hatte sich im Laufe der Zeit so sehr daran gewöhnt, von diesem Ort aufzubrechen, um etwas zu suchen, von dem er nicht verstand, was es sein sollte, dass er gar nicht mehr hinterfragte, warum es ihn immer wieder an diesen Ort zurückführte.

Im Gegenteil: Er hatte sich rasch darauf konzentriert, den richtigen Weg zu finden. Ala K'in hatte all seine Energie darauf verwendet, verschiedene Herangehensweisen auszuprobieren. Einige Male hatte er seinem Esel die Entscheidung überlassen, wohin sie ritten. Seinem Esel, dem er gelegentlich die Stimme zuschrieb, die zu ihm sprach. Ein anderes Mal hatte er es selbst übernommen, den Esel zu führen. Er war systematisch an die Aufgabe herangegangen und hatte versucht, alle denkbaren Möglichkeiten einzugrenzen, indem er zunächst in die unterschiedlichen Himmelsrichtungen aufgebrochen war. Aber kein Weg führte ihn ans Ziel. Es kamen Tage, da ließ er den Zufall entscheiden, folgte der Richtung des Windes oder eines Zeichens, das er meinte, im Wüstensand erspäht zu haben. Alles nützte nichts. Das Ziel, von dem er nicht wusste, was es war, hatte er so in den Jahren, die er glaubte, nun schon unterwegs zu sein, nicht finden können.

In dem Augenblick, als die Verzweiflung am größten war, als er schon nicht mehr wusste, wie er weitermachen sollte, als es keinen Weg mehr gab, den er gehen konnte, besann er sich auf den Ursprung seiner Reise.

»Brechen wir denn heute nicht auf?«, hörte er die Stimme diesmal fragen. Ala K'in schaute seinen Esel an. »Es wird Zeit, dass ich dir einen Namen gebe«, sprach er zu der Stimme. »Denn nun weiß ich, wer du bist. Ich werde dich Cormeum nennen.« Er fühlte, wie die Stimme zustimmend nickte. »Das ist ein schöner Name«, hörte er sie sagen. »Ich denke, es ist ein passender Name«, sprach Ala K'in.

»Wir brechen also nicht auf?«, fragte ihn Cormeum nochmals. »Nein, heute brechen wir nicht auf, Cormeum.« »Warum nicht, Ala K'in?«, fragte ihn die Stimme, und der Esel schaute ihn dabei erwartungsvoll an. Sein Tier wartete darauf, dass er sich auf seinem Rücken niederließ und ihn in die Wüste führte.

»Weißt du, Cormeum, nach all diesen Reisen ist mir am Ende eines klar geworden.« »Was ist dir klar geworden, Ala K'in?«, fragte ihn Cormeum zurück. Ala K'in hatte im Schatten der Palme wieder Platz genommen und schaute eine ganze Weile vor sich hin. Die Worte brauchten einen Moment, um das, was er bereits wusste, zu einem Satz zu formen. Der Esel schaute, und Cormeum konnte sehen, wie es in dem Geist Ala K'ins hämmerte. Ein Feuer glühte dort wie in einer Schmiede. Funken stoben, und als Cormeum einen davon in Ala K'ins Augen erblickte, war das Werk vollendet. Es war der Satz, den Ala K'in nun sprach, den er darlegte wie eine in Metall geschlagene Erkenntnis und die er damit der Vergänglichkeit überantwortete, als er sie aussprach: »Das Leben ist keine Reise.«

»Wie meinst du das, Ala K'in?«, fragte ihn Cormeum, und Ala K'in antwortete: »Es ist eine Illusion, dass wir glauben, irgendwohin zu müssen, ein Ziel zu suchen, um irgendwo anzukommen.« »Aber wie ist das Leben dann?«, fragte Cormeum. »Das Leben ist wie die Musik und der Tanz. Wir hören der Musik nicht zu, um zum Ende zu kommen, und wir tanzen nicht, um einen bestimmten Ort im Raum zu erreichen. Wir hören die Musik, um ihrer selbst willen. Wir tanzen für den Augenblick, den wir tanzen. Wir versenken uns darin und streben nicht nach einem Ziel. Ein Ziel würde uns nur, wenn wir es erst einmal erreicht haben, wieder zurückwerfen. Es würde eine neue Suche nach einem neuen Ziel beginnen. So wie wir jeden Tag wieder anfangen, unsere Reise hier bei der Palme zu beginnen.«

Ala K'in hatte sich in dieser letzten Nacht darauf besonnen, dass dies eine Prüfung war, die einen bestimmten Zweck hatte. Er war auf der Suche nach dem Sinn des Lebens. Das war sein Ziel, das er fast über seine Reisen durch die Wüste vergessen hatte. Der Beduine hatte ihm aber gesagt, dass er, um auf der Suche nach dem Sinn des Lebens voranzukommen, im Augenblick verweilen müsse.

»Wir werden also heute nicht aufbrechen«, sagte Ala K'in jetzt laut und deutlich. Der Esel schaute ihn noch eine Weile an, wie er im Schatten der Palme saß. Dann setzte auch er sich hin, streckte seinen Kopf nach vorne und ruhte sich auf dem Boden inmitten der Wüste aus.

Nachdem sie eine Weile so geruht hatten und Ala K'in

die Zufriedenheit in sich spürte, mit der auch der Esel auf dem Boden lag, und den Sand in der Wüste beobachtete, hörte er plötzlich wieder seine Stimme.

»Aber morgen werden unsere Vorräte aufgebraucht sein. Was wirst du dann machen, Ala K'in?«, fragte Cormeum. Ala K'in verweilte im Schatten der Palme und der Zweifel in Cormeums Worten hatte Gedanken herbeigerufen, die nun anfingen, Ala K'in zu belauern. Wie bei der Belagerung einer Festung, die sie einnehmen wollten, vergruben sich diese Gedanken in den Sanddünen, die Ala K'in betrachtete. Sie bereiteten sich vor, jederzeit zuzuschlagen und von Ala K'in Besitz zu ergreifen. Aber Ala K'in erinnerte sich an seine erste Prüfung und sah schon bald die Gedanken mit dem Wüstenwind verfliegen. Wieder vollkommen bei sich selbst dachte er: *So sei es eben.* Ala K'ins Herz schlug ruhig und friedlich, und als er an diesem Tage zum letzten Mal die Stimme hörte, war auch sie friedlich und wiederholte: »So sei es eben.« Ala K'in saß Stunde um Stunde im Schatten unter der Palme. Er trank nicht, er aß nicht. Er betrachtete nur die Welt um sich. Die Winde in der Wüste schienen ihm wie Musik. Kurz bevor die Müdigkeit ihn übermannte, sah er sich inmitten der Dünen. Er tanzte. Dann schlief er ein.

Am nächsten Morgen wachte er an derselben Stelle auf, an der er eingeschlafen war. Sein Geist war wach, und Ala K'in öffnete die Augen. Mit klarem Blick sah er die Sonne, den Himmel und die Wüste. Er saß wieder allein im Schatten der Palme. Aber die Stimme, die er diesmal hörte, war fest und drang deutlich in sein Ohr.

»Siehst du, mein lieber Ala K'in, du bist wieder einen Schritt vorangekommen auf deiner Reise«, sagte der Beduine. In Lak'ech stand wieder vor ihm, und es schien Ala K'in, als sei er nie weg gewesen. Als sei er selbst erst gestern hier eingeschlafen, nachdem er in den Gedankenspiegel geschaut hatte. Als seien seine Reisen in der Wüste ein einziger Traum gewesen, der nicht habe enden wollen, und aus dem er nun erwacht war.

»Eine letzte Prüfung bleibt dir noch«, sprach In Lak'ech, und sein Blick wurde matt und traurig. Irgendwo hatte Ala K'in diesen Blick schon einmal gesehen. Irgendjemandem war er vor nicht allzu langer Zeit begegnet, der ihn mit genau diesem sorgenvollen Blick angesehen hatte. Als der Himmel über der Wüste finster wurde und dunkle Wolken am Horizont einen Sturm ankündigten, der alles Leben zu bedrohen schien, spürte Ala K'in, dass es die schwerste Prüfung von allen sein würde.

Kapitel 26

Als Tom auf seinem Platz vor dem Restaurant aus dem Traum erwachte, war es schon spät am Nachmittag. Der Restaurantbesitzer hatte ihn lange am Tisch seine Siesta halten lassen und nicht geweckt. Er kannte den jungen Mann inzwischen gut und wusste, dass er ein Freund des Gutsbesitzers und dessen Tochter war. Nun aber musste er die Tische für den Abend eindecken. Tom war dankbar, dass er noch Zeit hatte, einige Besorgungen zu machen, um die ihn Juanita gebeten hatte. Sie schien sich auf einen besonderen Abend mit ihm zu freuen. Das hatte er gespürt, als sie ihn fortgeschickt hatte. Vermutlich bereitete sie etwas auf der Finca für ihn vor. Tom lächelte.

Doch langsam erinnerte er sich auch wieder an seinem Traum. Er hatte recht behalten. Das Universum schickt einem alles, was man braucht. Es ist gar nicht nötig, sich über den Sinn des Lebens allzu viele Gedanken zu machen. Die Grübelei führt einen nur auf endlose Reisen durch die Wüste, ohne dass man seinem Ziel am Ende näherkommt. Es reicht manchmal, rein gar nichts zu tun und die Dinge auf sich zukommen zu lassen. Durch Juanita hatte er das verstanden. Tom war angekommen in seinem Leben.

Aber da war noch etwas am Ende des Traums, an das er sich nicht recht erinnern konnte. Es schien ihm, als ob er etwas übersehen hatte. Irgendetwas hatte er vergessen. Obwohl seine Reise doch abgeschlossen war, schien ihm sein Traum immer noch nicht zu Ende geträumt. Tom konnte es sich nicht erklären. Er war Juanita begegnet. Sein Leben hatte jetzt einen Sinn. Vielleicht ging es darum, diesen Bund fürs Leben zu besiegeln. Tom spürte, dass es schon bald zu der Frage kommen würde. Sein Herz schlug höher bei dem Gedanken, wie sie sich ihr Lebensversprechen geben würden.

Aber das war es nicht, was ihn irritierte. Irgendetwas Dunkles hatte ihn aus seinem letzten Traum erwachen lassen. Daran erinnerte er sich jetzt wieder. Ein Schatten hatte sich über die Unbeschwertheit gelegt, die ihn bislang umgeben hatte. Vielleicht war es nur der merkwürdige, rasche Aufbruch des Traumdeuters gewesen. Wahrscheinlich hatte er die Sorge um den alten Mann mit in seinen Traum genommen. Tom beschloss, nicht wieder Gedanken zu folgen, die ihn in eine düstere Richtung führten, und wischte seine Gefühle beiseite. Nachher würde er Juanita sehen. Und vielleicht würde er sie heute Abend fragen.

Kapitel 27

In Eile hatte der Traumdeuter das Dorf verlassen. Schon wieder hatte er dem Jungen zu viel zugetraut. So wie er einst nicht gesehen hatte, dass die Dunkelheit den Blick des Jungen verstellen würde, so war es nun die Freude, ja vielleicht sogar die Liebe selbst, die den Jungen blendete. Diesmal würde er seine Hilfe wirklich brauchen.

Als der Traumdeuter über die Wiesen und Felder wanderte, sah er bereits den Schatten, der sich auf die Finca zubewegte. *Der Tod fordert immer seinen Tribut, wenn er einen auf die Reise schickt.* Hätte er das dem Jungen vielleicht doch sagen sollen, als er ihn damals in Nepanthé das erste Mal getroffen hatte? Tieftraurig sah der Traumdeuter nun, wie sich das Dunkle jetzt auf den Weg zum Hügel in der Mitte des Tals machte. Er hatte den Jungen warnen wollen. Aber er wusste, dass der Lauf der Dinge nicht verändert werden durfte. *Die Dinge geschehen, wie sie geschehen.* Er hatte kein Recht, in das Schicksal einzugreifen. Er wusste, dass er es am Ende nicht konnte. Was das Leben plante, das setzte es um. Der Traumdeuter hätte es nicht verhindern können.

Der Junge hatte vergessen, dass es drei Prüfungen waren, die er zu bestehen hatte. Er schien so froh, sein Glück gefunden zu haben, dass er übersah, dass sein Traum noch nicht zu Ende geträumt war. Die schwierigste Prüfung stand ihm noch bevor. An ihr zerbrachen die meisten Menschen. So wie einst der Gutsbesitzer, der nie den Verlust seiner Ländereien überwunden hatte. Der keine Kraft mehr fand, die Finca wieder zu errichten, weil es nicht sein wirklicher Traum war. Auch der Junge hatte die Liebe, die er bis dahin nie kennengelernt hatte, für seinen Traum gehalten. Aber das war ein Irrtum. Denn die Liebe genügt sich selbst. Sie ist nicht an einen Lebenstraum gebunden. Der Traumdeuter fragte sich, ob er dem Jungen von der Liebe hätte erzählen sollen.

Die Liebe überdauert den Tod und verschwindet nicht. *Das macht sie so schmerzvoll*, dachte der Traumdeuter mit tiefem Bedauern. Sie ist unauslöschlich. Die Liebe kennt keine Zeit und keinen Raum. *Wir lieben Menschen, auch wenn sie nicht mehr leben.* Bei diesem Gedanken wurde dem Traumdeuter schwer ums Herz. Die Liebe ist das universelle Artefakt der Weltenseele. Sie verbindet die Menschen. Sie kann sie auf ihrem Lebensweg begleiten und ein guter Führer sein. Sie lässt das Herz zu ihnen sprechen. Aber sie ist nicht das Lebensziel. Tom hatte das alles noch zu lernen. Und es würde ein schmerzvolles Lernen sein.

Der Traumdeuter war in großer Sorge. Er wusste, dass

es diesmal auch bei dem Jungen um Leben und Tod gehen würde. Er brauchte kein Feuer, keinen Wind und keine Asche, die ihm dies verrieten.

Also machte er sich daran, die Kräfte zu beschwören, die in der Welt wirkten. Er stand inmitten der Wiese, über die er gewandert war, und hielt inne. Der Traumdeuter schloss die Augen und murmelte die stillen Worte der Natur. Er musste die Schmetterlinge herbeirufen.

Kapitel 28

Es sollte eine Überraschung werden. Juanita hatte sich so sehr darauf gefreut. Sie wusste, dass alles mit dem Traktor angefangen hatte. Sie erinnerte sich noch, wie ihr Vater an dem Abend vor vielen Monaten nach Hause kam und ihr davon erzählt hatte. Von dem jungen Mann, der den Traktor hatte reparieren können. Dass die Finca wieder neu entstehen würde. Dass sich nun doch noch sein Traum erfüllte. Noch nie hatte sie so viel Leben in seinem Gesicht gesehen. Von diesem Tage an war ihr Vater wie verändert. So, wie er ihr Abend für Abend von der Finca berichtete, die wieder erblühte, so sah sie auch bei ihm, wie die Farben in sein Leben zurückkehrten. Sie ließen das Grau verschwinden, das ihn all die Jahre umgeben hatte. Ihr Vater erwachte mit der Finca zu neuem Leben. Und schon dafür hatte Juanita den Jungen in ihr Herz geschlossen, lange, bevor sie ihm an jenem Abend auf der Finca das erste Mal begegnet war.

Juanita hatte nie gelernt, einen Traktor zu bedienen. Aber sie hatte sich in ihrem Leben immer alles selbst beigebracht, weil sie es musste. Sie erinnerte sich noch daran, wie sie mit ein wenig Angst auf die große Maschine geklettert war, als sie mit Tom ihren ersten gemeinsamen Ausflug machte. An diesem Abend aber wollte sie ihm um jeden Preis selbst entgegenfahren.

Juanita hatte den Abend lange geplant. Sie hatte Tom ins Dorf geschickt, um ihn für sie einige Besorgungen machen zu lassen. Sie selbst würde abends nachkommen und ihn am Brunnen auf dem Marktplatz treffen. Sie stellte sich vor, wie sie mit dem Traktor auf den Platz fuhr und Tom erstaunt bemerkte, dass sie es war, die das große Gerät lenkte. Sie sah sein Gesicht vor sich, wie er stolz zu ihr aufschaute und sie dafür liebte, dass sie sich für ihn selbst das Fahren beigebracht hatte. So wie sie stets alle Dinge in ihrem Leben selbst hatte lernen müssen. Denn es gab niemanden, der ihr etwas beibrachte.

Sie würde mit Tom zu ihrem Lieblingsplatz fahren. Hoch oben am Hang des Mandelbaumberges. Dort würden sie einen besonderen Abend verleben, an dessen Ende sie ihm eine besondere Frage stellen wollte. Juanita hatte ihr Leben immer allein in die Hand nehmen müssen. Nun war die Zeit gekommen, es mit diesem Jungen zu teilen, der den Zauber in ihre Welt zurückgebracht hatte. Es war ein Zauber, den sie nicht mehr gekannt hatte, seit sie ein kleines Mädchen war. Bevor die dunklen Tage gekommen waren. Als sich ihre Familie und der gesamte Besitz auflösten. Als ihr Vater verblasste und mit der Finca langsam in sich zusammenfiel.

Nun war dieser Zauber wieder da, und Juanita träumte von diesem neuen Leben. Ihre Gedanken waren ganz bei Tom. Sie sah sich mit ihm auf der Finca in der Abendsonne. Sie würden Kinder haben und zusammen alt werden. Ihr Herz schlug voller Liebe. Juanita schloss die Augen und stellte sich Tom vor, wie er sie ansah, nachdem sie ihm die Frage gestellt hatte. Sein überglückliches Gesicht, das ihr ein laut lachendes Ja entgegenrief, war das Letzte, woran sie dachte. Sie starb noch in demselben Augenblick, als der Traktor beim Einbiegen auf den Hauptweg in den Graben rutschte und sie unter sich begrub.

Kapitel 29

Tom erfuhr von ihrem Tod, als er abends auf die Finca zurückkehrte. Schon im Dorf hatte sich ein Gefühl des Unbehagens in ihm geregt. Es war zu einer schlimmen Ahnung geworden, als er sich auf den Rückweg machte. In Panik war er hoch zur Finca geeilt, als er den Traktor in dem Graben sah. Seine schlimmsten Befürchtungen wurden zu einem wahren Albtraum, als er erfuhr, was geschehen war.

Sie würden jetzt den Gutsbesitzer informieren müssen, wurde ihm gesagt, aber da hörte er schon nichts mehr. Sie ließen ihn schließlich allein auf der Terrasse zurück. Er wollte jetzt für sich sein, war das Einzige, was er gerade noch hatte sagen können.

Toms Herz fühlte sich an wie rausgerissen. An der Stelle, wo es einst geschlagen hatte, war nur noch ein schmerzendes Nichts. Es war eine Leere, die unendlich wehtat. Dieser Schmerz war das Einzige, das Tom noch vom Leben spürte. Er wusste nicht mehr, was er denken sollte. Er wusste nicht mehr, was er fühlen sollte. Ihm fehlte jede Kraft. Seine Seele lag in Scherben. Überall auf der Finca fanden sich ihre Spuren. Die Seelensplitter waren auf dem ganzen Anwesen verteilt. Sie steckten im Gebälk der Scheune und in den Trümmern des Traktors. Sie säumten den Weg und die Hecken, die Blumen und Mandelbäume. Sie ließen den Weg zerbersten, an dessen Treppenende Tom das schöne Mädchen das erste Mal gesehen hatte. Das Bild, wie sie in die Abendsonne getaucht auf der Terrasse stand und gelächelt hatte, zersprang in seinem Kopf. Alles, was seine Seele zu neuem Leben erweckt hatte, starb in diesem Moment.

So saß Tom auf der Terrasse der Finca und starrte vor sich hin. Sein leerer Blick war auf das Tal gerichtet, und selbst dieser leere Blick bereitete ihm Schmerzen. *Wenn das Universum erst einmal beschlossen hat, einem alles zu nehmen, dann gibt es nichts, was man dagegen tun kann.* Das waren seine Gedanken. Tom versuchte, sich kurz vorzustellen, dass es sich um einen natürlichen Kreislauf handeln könnte. *Wie es das Einatmen gibt, so muss es auch das Ausatmen geben.* Das ist die Voraussetzung für das Leben. Das Universum machte einem Geschenke. Nepanthé, die Finca, die Liebe zu dem Mädchen. Dann forderte es seinen Tribut. Aber der Tribut, den Tom gerade zahlte, fühlte sich an wie das Ausatmen nach dem letzten Atemzug.

Die Schachtel mit dem Herzensstein lag geöffnet neben ihm. Tom warf dem Kristall einen müden Blick zu. Seine scharfen Kanten blitzten in der Sonne auf. Er dachte daran, wie er sich damals an dem Stein verletzt hatte. Es war der erste Abend auf dieser Finca gewesen, und noch in seinem Albtraum hatte er die Verletzung gespürt. Die Wunde war geheilt, die Schlucht aus seinem Albtraum verschwunden, und Tom hatte sich von allem Übel befreien können. *Aber diese Wunde wird nicht heilen.* Der Tod hat etwas Endgültiges. Tom dachte kurz daran, wie er sich nach dem Tod seines Vaters gefühlt hatte. Auch damals war sein Leben auseinandergebrochen und er hatte den Halt verloren. Aber sein Leben zu jener Zeit war Kulisse. Der Tod des Mädchens ließ ein Leben zerbrechen, das gelebt werden wollte. Es hatte Sinn und Freude und Zukunft. Nun war sie tot. *Diese Wunde kann nicht heilen.* Tom schaute erneut zu seinem Stein. *Du solltest mich beschützen. Doch wie damals hast du mich erneut betrogen.* Tom erinnerte sich daran, dass er nach dem Schnitt in der Hand geglaubt hatte, der Stein könne auch eine zweite Seite haben. Aber was er nun dachte, war weit schlimmer. *Der Stein beschützt dich. Wenn er bei dir ist, kann dir nichts passieren.* Das hatte sein Vater ihm immer gesagt. *Es war eine Lüge.* Sein Vater hatte ihm nichts als eine Lüge hinterlassen. Die Lüge, an eine Welt aus Zauber und Wunder zu glauben. Eine Welt, in der sich Träume erfüllen konnten, wenn man ihnen beharrlich folgte, und in der alles wahr werden würde, was man sich vorstellte. *Es war eine Lüge.* Bittere Tränen rannen über Toms Gesicht. Es waren Tränen der Wut und der Verzweiflung. *Das ganze Leben war eine Lüge.* Es gab auch keinen Sinn darin. Wenn es Freude gab, dann nur, damit man das Leid spüren konnte. *Der Stein ist eine Lüge.*

Mit diesem Gedanken trat die Finsternis in Toms Geist. Sie ermutigte ihn, diesem Gedanken zu folgen. Sie verstärkte ihn. Natürlich war der Stein eine Lüge. *Dein Vater hat dir nichts als Lügen hinterlassen.* Nepanthé, der Traumdeuter, Orte der Sorglosigkeit und der Liebe waren alles nur Lügen, um die Wahrheit, die das Leben bereithielt, umso schmerzlicher erscheinen zu lassen. Es gab keinen Sinn. Dem Universum war das Leben egal. Es war ein schlechter Witz, den sich jemand ausgedacht hatte, dem sogar egal war, ob man darüber lachte oder nicht. Jeder Versuch von Gestalten wie dem Traumdeuter, dem Leben etwas Mystisches zu verleihen, führte nur zu einem Trugbild, das von dieser traurigen Wahrheit ablenken sollte. Und dann brachte die Finsternis Tom auf einen noch weitaus schlimmeren Gedanken. *Ich werde beweisen, dass es eine Lüge ist.* Toms Blick, der bis eben leblos auf der Schachtel geruht hatte, richtete sich auf den Stein. Scharf und gefährlich blitzten nun die Kanten in den Sonnenstrahlen. Die Spitze, die Toms Vater immer als magischen Teil eines Prismas bezeichnet hatte, funkelte wie ein grüner Dolch bedrohlich in der Sonne. *Ich werde es beweisen. Dieser Stein beschützt mich nicht.* Und bei diesem Gedanken griff Tom nach dem Kristall. So fest er konnte, umfasste er ihn. Blut rann von seinen Fingern. In seinen Gedanken hatte Tom den Stein schon hoch in den Himmel gestreckt. *Es ist*

eine Lüge, flüsterte die Finsternis nun immer lauter. *Zeig deinem sogenannten Herzensstein, wo dein Herz ist*, wisperte sie in Toms Geist. Sein inneres Auge sah den blutenden Dolch in seine Brust fahren und nun auch den letzten Rest seiner Seele zerschmettern. In dem Moment, in dem der Stein in sein Herz eindrang, würden die Lügen aufhören und alles käme zu einem Ende. Tom war bereits in Gedanken in diese Zukunft geeilt. Er sah sich zu Boden fallen und seinen Leib und sein Blut mit dem Boden der Finca verschmelzen. Ewig würde er an diesen Ort gebunden sein. Die Zeit würde über ihn hinweggehen und die Finca wieder zu einer Ruine machen. Toms Geist würde nicht aufhören, verzweifelt nach dem schönen Mädchen zu suchen, mit dem er hier einmal sein Leben verbringen wollte. Aber er würde sie nicht finden. Der Schmerz in seiner Hand lenkte Toms Blick wieder auf den Stein, den er in der Schachtel umklammert hielt. *Es ist eine Lüge. Beende sie!*, befahl die Finsternis. Ein düsterer Blick, der von Tom Besitz ergriffen hatte, und der nicht mehr sein eigener war, konzentrierte sich ganz auf den scharfen Stein in seiner Hand. Als er ihn gerade gen Himmel heben wollte, passierte es. Etwas hatte sich auf die Spitze des Kristalls gesetzt. Es war ein Schmetterling.

In heißen Tränen, die eine Mischung aus Hoffnung und Erschöpfung waren, ließ Tom den Stein los. Er sank in den Stuhl nieder. Die Sonnenstrahlen legten sich über seine brennenden Augen wie ein warmes Tuch. Sie ließen ihn die Lider schließen und kraftlos und unendlich müde in einen langen und tiefen Schlaf fallen.

Kapitel 30

»Was für eine Prüfung ist das?«, fragte Ala K'in voller Sorge, als er die düsteren Wolken am Himmel sah. In Lak'ech blickte in Richtung der Finsternis, die sich nun mehr und mehr über die Wüste auszubreiten schien. »Sieh selbst«, sprach der Beduine und zeigte auf die Dunkelheit, die nun schnell näher kam und alles zu verschlingen schien, was sich ihr in den Weg stellte.

Ala K'in sah in das dunkle Nichts und erschrak. Obwohl er gelernt hatte, keine schlimmen Gedanken mehr zu hegen, war das, was er sah, so furchterregend, dass es drohte, vollständig Besitz von ihm zu ergreifen. Es war ein großes schwarzes Loch, das alles in sich hineinsog, was es in der Wüste fand. Eben war es noch am Horizont gewesen. Doch schnell breitete es sich aus und wurde größer. Je länger und tiefer Ala K'in in dieses Nichts starrte, desto rascher saugte es alles ein, mit dem es in Berührung kam. Der Himmel stürzte Stück für Stück genauso hinein, wie der Wüstensand in das Loch gesogen wurde und so einen gewaltigen Sturm entfachte. Ala K'in merkte, wie das dunkle Nichts stärker und stärker wurde und auch ihn zu erfassen drohte. Die letzten Sonnenstrahlen wurden gerade von der Dunkelheit verschlungen, da rief er inmitten des Sturms In Lak'ech laut zu: »Was ist das? Woher kommt diese Finsternis?« Der Sturm zerrte an dem Beduinen. Seine Gewänder flatterten im Wind. »Du hast sie hierher mitgebracht«, schrie er zurück. »Es ist deine Sehnsucht nach dem Tod.« Ala K'in hatte die letzten Worte nicht mehr verstehen können, so laut brauste der Sturm nun um sie herum. Die Palme knickte ab und flog in hohem Bogen in das Loch. Ala K'ins Esel riss die Dunkelheit in die Lüfte, und er musste voller Entsetzen mit ansehen, wie auch sein Tier in dem finsteren Nichts verschwand. »Was soll ich tun?«, brüllte Ala K'in zum Beduinen. Der Sand wurde überall aufgewirbelt, und durch den Sturm hindurch konnte Ala K'in den Beduinen kaum noch erkennen. Er stürzte auf die Knie und sah noch, wie ihm In Lak'ech kerzengerade und aufrecht gegenüberstand. Als im Hintergrund das schwarze Loch immer näher rückte und hinter dem Beduinen den gesamten Horizont verschlang, wurde In Lak'ech geradewegs in die Höhe gerissen und von dem ewigen Schwarz dieses tosenden Sturmes verschluckt. »In Lak'ech«, rief Ala K'in aus Leibeskräften. Alle Hoffnung ließ er bei diesem Anblick los, und es schien, als verschwände sein gesamter Lebensmut in diesem Loch. Er fühlte, wie seine Seele längst den Halt verloren hatte und in das Dunkle raste, obwohl sein Körper immer noch auf dem Wüstenboden kauerte. Alles um ihn herum war nun schwarz. In dem letzten Augenblick, als er gerade seine Augen schließen und die ewige Dunkelheit über sich ergehen lassen wollte, sah er es: Irgendetwas in dem schwarzen Loch blitzte auf. Es war nur ein kurzer Funken. Ala K'in konnte kaum ausmachen, woher er kam und was es war. Angestrengt richtete er seinen Blick nun fest in das Schwarz, um diesen hellen Funken zu finden. Und tatsächlich, als er mit allen verbliebenen Kräften die Finsternis fixierte, blitze es noch einmal auf. Und noch einmal und dann immer schneller und größer. Inmitten der Dunkelheit war etwas, das nun größer und in seinen Umrissen sichtbar wurde. Es funkelte und strahlte. Es war, als ob ein Hoffnungsschimmer geboren wurde, der das Schwarz verdrängte, aus dem er schließlich hervortrat.

Der Sturm ließ langsam nach. Sand legte sich wieder über die Erde, und der Himmel kehrte zurück. Die Sonnenstrahlen begannen erneut zu scheinen, und als das Etwas, das Ala K'in erst als einen kleinen Hoffnungsschimmer am schwarzen Horizont gesehen hatte, sich nun vor ihm auftat, waren auch die Palme und sein Esel wieder zurückgekehrt. »Nun erkennst du es«, hörte er die Stimme des Beduinen. In Lak'ech stand wieder ruhig neben ihm, als das funkelnde Objekt in all seiner Schönheit vor ihnen inmitten der Wüste stand. Es war ein riesiger grüner Kristall, der aus dem Wüstensand heraus bis hoch in den Himmel ragte und Ala K'ins Welt nun eine leuchtende Farbe verlieh.

Ala K'in glaubte, so etwas schon einmal gesehen zu haben, wenngleich nicht von dieser Größe. Doch als die Sonne am Himmel über dem Kristall stand und sich die Lichtstrahlen ein wenig anders brachen, erkannte Ala K'in, was es war: Vor ihm lag ein gewaltiges Prisma aus festem Glas, das sich in Form einer riesigen Pyramide vor ihnen auftat.

»Dort musst du hineingehen und das Zentrum finden«, sagte In Lak'ech. Ala K'in schaute ihn an und blickte dann wieder zu der Pyramide, in deren Inneren sich allmählich ein durch die Sonne erzeugtes Farbenspiel zu entfalten begann. Fasziniert betrachtete Ala K'in das Schauspiel und die wunderschönen Lichtstrahlen, die ganze Räume und Säle im Inneren der Pyramide erschufen. »Wo finde ich den Eingang?«, fragte Ala K'in nach einer Weile. Doch er bemerkte, dass er ins Leere

gefragt hatte, denn In Lak'ech war erneut spurlos verschwunden.

Als die Mittagssonne am höchsten direkt über dem riesigen Prisma stand, verwandelte sie das leichte Farbenspiel in einen Sturm aus leuchtendem Grün, Blau, Gelb und Rot, als ob Rubine und Smaragde sich im Inneren über alle Gänge und Kammern der Pyramide ergossen und dort Boden und Wände sichtbar machten. Ala K'in konnte durch das Glas von außen alles sehen, was in der Pyramide entstand. Sein Blick fiel auf die letzten gebrochenen Lichtstrahlen, die nun den Boden des Prismas erreichten, und inmitten der sich formenden Konturen aus Regenbogenfarben sah er den großen Eingang. Es war ein Portal, das am Fuße der Pyramide sichtbar wurde.

»Lass uns hineingehen«, hörte er wieder Cormeums Stimme, und ohne sich umzudrehen, bemerkte er, wie hinter ihm sein Esel aufgetaucht war und nun an seiner Seite stand. Ruhig und besonnen stieg Ala K'in auf und ritt nun Schritt für Schritt auf den Eingang zu. Die Stufen zum Portal schienen ihm endlos. Rubinrote wechselten sich mit opalblauen, smaragdgrünen und goldgelben ab. Alles war kristallin, und als sie endlich oben angekommen waren, eröffnete sich ihnen eine Pforte, die aussah, als führte sie direkt in das Innere eines Regenbogens.

Ala K'in zögerte einen Moment, bevor er es wagte, einzutreten. Die Farben waren warm und freundlich, aber er spürte auch, dass sie eine Kehrseite hatten. Es war eine Energie, die sich auch umkehren konnte, wenn die Farben nicht in die richtige Richtung flossen, und sich dann gegen einen wendete. »Wollen wir es wagen, Cormeum?«, fragte er seine Stimme. Sogleich schritt sein Esel Stück für Stück auf den Eingang zu, und es dauerte nicht lange, da waren Ala K'in und sein Tier in dieser Farbenwelt verschwunden.

Ala K'in konnte nicht sagen, wie lange sie nun schon in der Pyramide umhergeritten waren. Denn was sein Esel und er dort vorfanden, fühlte sich wie ein riesiges Labyrinth an. Jeder Gang war in ein anderes Licht getaucht und hatte eine andere Farbe. Wenn er einen der Flure durchritt, fühlte Ala K'in, dass die Energie der Farben mit ihm Verbindung aufnahm und in ihm etwas freisetzte. Als würden innere Energiewirbel angestoßen, die Ala K'in aus alten Überlieferungen zu kennen schien. Sieben waren es an der Zahl. »In dieser Pyramide erlebe ich mich selbst«, dachte Ala K'in und begriff, dass diese farbigen Gänge, durch die er ritt, seine eigenen inneren Energiepunkte waren. *Dann muss ich auf dem richtigen Weg sein*, sprach er zu sich und dachte an die Worte des Beduinen. *Du musst das Zentrum finden.*

Ala K'in merkte, dass die Energien ihm wohltaten, wenn er auf dem richtigen Wege war. In den roten Gängen spürte er Wärme und Sicherheit. Er fühlte sich der Mutter Erde verbunden und hatte den beruhigenden Gedanken, ein Kind dieser Welt zu sein. Ritt er aber auf dem falschen Weg, hatte die Energie eine umgekehrte

Wirkung. Ala K'in fühlte sich dann auf seinem Esel beinahe aus der Balance gebracht. Er hatte Mühe, sich aufrecht zu halten. An die Stelle von Sicherheit trat plötzlich Angst, und an die Stelle von Verbundenheit tat sich die Sorge auf, allein und verloren auf dieser Welt zu sein. Aber Ala K'in hatte gelernt, im Augenblick zu leben, und so erfreute er sich einerseits an den angenehmen Gefühlen, die die Farbenergien erzeugten, und vermochte andererseits die unschönen Gefühle mit einer inneren Gelassenheit zu ertragen. Indem er so tief und achtsam in sich hineinhorchte, entwickelte er einen Sinn dafür, wann er in diesem Labyrinth auf dem richtigen Weg war und wann er seinen Weg korrigieren musste. So ritten sein Esel und er eine ganze Weile durch die Gänge des Labyrinthes, und Ala K'in erlebte die ganze Pracht und den ganzen Schrecken seiner menschlichen Gefühle. Dabei saß er jedoch ruhig und friedlich auf seinem Esel. Manchmal, wenn er vollkommen in dem Augenblick versunken war, schien es ihm, als ob er dieses Reiten auf dem Esel schon einmal erlebt hatte. Als ob es tief in seinem Inneren etwas gab, das er einmal als Wahrheit gekannt, aber wieder vergessen hatte.

Eine ganze Weile waren sie nun schon so durch die unendlichen Gänge des farbigen Pyramidenprismas geritten, als Ala K'in spürte, dass sie sich dem Ende näherten. Er erkannte die Gänge allmählich an ihrer Energie und vermied es immer öfter, in die falsche Richtung zu reiten. So gewann er langsam den Eindruck, dass alle

Energien in seinem Körper nun in vollkommener Harmonie waren. In diesem Augenblick sah er am Ende des Ganges eine Gestalt, die von grellem Licht umhüllt war. Mit stiller Freude, nun endlich angekommen zu sein, ritt er auf diese Person zu. Doch als er auf seinem Esel aus dem Gang heraustrat, stellte er verwundert fest, dass er sich wieder außerhalb der Pyramide befand. Erneut stand er vor dem Eingang. Das grelle Licht war das Licht der Sonne und die Person, die nun ebenfalls am Eingang des Portals oben auf den Stufen stand, war der Beduine. »Du musst ins Zentrum«, erinnerte ihn der Beduine an seine Aufgabe. Ala K'in verstand nicht recht. Er hatte sich doch eigentlich schon am Ziel gewähnt. Was hatte er übersehen? Ala K'in kehrte also um und ritt von Neuem in die Pyramide. Doch abermals fand er sich nach einer Weile am Eingang wieder, und erneut ermahnte ihn In Lak'ech, er müsse das Zentrum finden. Ala K'in versuchte alles, was sein Geist ermessen konnte, um den richtigen Weg durch das Labyrinth zu nehmen. Er stellte sich genauso den Energien, die zu den schrecklichsten Gefühlen in ihm führten, wie er versuchte, die Freuden nicht zu Übermut werden zu lassen, wenn er im vollkommenen Einklang mit den Farben durch die Gänge ritt. Doch es half nichts. Jeder Weg führte ihn am Ende wieder vor das Portal und zu dem Beduinen, der die bedeutsamen Worte sprach.

Ala K'in wollte schon aufgeben. Die Sonne neigte sich dem Abend entgegen und die Farbenpracht der Prismapyramide ließ langsam nach. Da offenbarte sich etwas über dem Portal, das Ala K'in bislang jedes Mal übersehen hatte, wenn er den Eingang mit seinem Esel durchschritten hatte. Es waren Worte, die in den Torbogen über dem Portal geschlagen waren und die Ala K'in nur mühevoll entziffern konnte. Als er sah, was dort stand, verstand er seine Aufgabe. Sein Blick wanderte zu In Lak'ech, der nun direkt vor dem Toreingang stand und hinter dem die untergehende Wüstensonne wie in einem Spiegel strahlte.

»Nun erkennst du es«, lächelte der Beduine sanft. »Von hier aus gibt es nur noch einen Weg.« Ala K'in nickte. »Diesen Weg musst du allein weitergehen.« Ala K'in spürte ein wenig Wehmut bei diesen Worten. Er versuchte nicht zuzulassen, dass Traurigkeit in ihm aufstieg, und doch empfand er einen kleinen, aber warmen Schmerz, der sich in seinem Körper ganz sanft ausbreitete. »Es wird vorbeigehen«, sagte In Lak'ech. »Es ist eigentlich ja auch kein wirklicher Abschied. Lass uns die Hände reichen.« Mit diesen Worten streckte In Lak'ech seine beiden Hände aus, und Ala K'in wollte sie mit seinen eigenen fassen. Doch als er nach In Lak'echs Hand griff, sah er, wie seine Finger in denen des Beduinen verschwanden, ganz als ob sie in einen See eintauchten. Ihm schien, als verschmelze er mit seinem eigenen Spiegelbild. Dann verschwanden auch seine Arme in den Armen In Lak'echs. Wie er so mit dem Beduinen verschmolz, schaute er noch ein letztes Mal in dessen Gesicht. Zum Abschied blieb Ala K'in nur noch eine letzte Geste der Demut. Er neigte den Kopf leicht nach vorne und sagte: »Also dann, In Lak'ech …« »Ala K'in, es war mir eine große Freude«, gab der Beduine zurück, und wie durch sein Spiegelbild ging Ala K'in jetzt durch ihn hindurch. Nun erinnerte er sich, wer er wirklich war.

Als die Sonne sich dem Horizont zuneigte, verschwanden langsam die Worte über dem Torbogen des Portals. In Stein gehauen stand dort in einer der ältesten Sprachen der Menschheit: In Lak'ech Ala K'in.

Kapitel 31

Tom riss die Augen auf. Irgendjemand war dabei, ihn wachzurütteln. Er sah in ein erschrockenes Gesicht. »Junge, was ist mit dir? Geht es dir gut?« Der Gutsbesitzer stand leichenblass vor ihm. Sein Blick fiel auf Toms Hand. Als Tom diesem Blick folgte, bemerkte er, dass diese blutüberströmt neben ihm über dem Sessel hing.

Langsam kam er wieder zu sich. Er realisierte, dass sein zusammengesunkener Anblick mit einer blutüberströmten Hand im Sessel auf der Veranda nach den Ereignissen des Tages schlimme Befürchtungen bei jedem auslösen mussten, der ihn so fand. Sogleich wurde ihm bewusst, dass der Tod des schönen Mädchens real war. Unmittelbar spürte er einen Stich in seinem Herzen. Noch bevor das Gefühl von ihm Besitz ergreifen konnte, nahm er sich für einen Moment zusammen. Er wollte ihren Vater nicht noch mehr in Aufregung versetzen. *Das hätte sie nicht gewollt.* »Schon gut«, beschwichtigte er den Gutsbesitzer noch etwas benommen. »Ich habe mich nur stark geschnitten und vermutlich das Bewusstsein verloren. Ich kann kein Blut sehen.« Bei den letzten Worten bemerkte er, wie der Gutsbesitzer mit den Tränen kämpfte. Tom kamen nun Bilder von dem Traktor in den Sinn und er konnte nicht anders, als daran zu denken, wie das Mädchen durch diesen zu Tode gekommen war. Auch Tom schossen Tränen in die Augen, und der Gutsbesitzer sah sofort, woran Tom dachte. Bei diesem Anblick brach er vor ihm zusammen. Wie ein kleiner Junge vergrub er sein Gesicht in Toms Schoß und Tom senkte sein Haupt über ihn. Auch er begann zu weinen. Eine Weile kauerten sie so zusammen. Beide hatten sie den wichtigsten Menschen in ihrem Leben verloren. Beide fühlten sich schuldig. Ohne ihre Begegnung und die Finca hätte es keinen Traktor gegeben. Beide verfluchten sich dafür. Als sie sich wieder ansahen, sprach die gleiche Frage aus ihren Augen. Warum hatten sie nicht von ihrem Traum lassen können?

»Weil Träume immer Opfer fordern«, hörten sie plötzlich eine Stimme sagen. Vor ihnen auf der Veranda stand wie aus dem Nichts der Traumdeuter. Er war froh, den Jungen am Leben zu sehen. Wenigstens diesmal war er nicht zu spät gekommen.

»Du hast mir nie gesagt, was für ein Opfer ich für meinen Traum bringen muss«, hörte Tom den Gutsbesitzer mit bebender Stimme zum Traumdeuter sagen. Kannte auch er den Alten? Der Traumdeuter bemerkte Toms fragenden Blick. »Mich ziehen alle Träume an, selbst die falschen«, sagte er an Tom gewandt, als ob er wieder seine Gedanken gelesen hätte.

Der Gutsbesitzer bemerkte nun seinerseits, dass der Traumdeuter den Jungen ebenfalls kannte. »Hat er dich auch auf so eine verfluchte Reise geschickt?« Das Beben in seiner Stimme war lauter geworden. Wut mischte sich nun in sie. Tom nickte. Beide wandten sich gemeinsam mit einem fordernden Blick dem Traumdeuter zu.

»Du hast es selbst in der Hand, ob du dich deiner letzten Prüfung stellst oder ob du für immer scheiterst, wie dieser da«, sagte der Traumdeuter zu Tom. Der Alte zeigte streng auf den Gutsbesitzer, und ohne eine Reaktion abzuwarten, sprach er weiter. »Wenn du jetzt aufgibst, wird es dir wie ihm ergehen. Du wirst deinen Traum verraten, und erst dieser Verrat wird ihn als einen falschen Traum entlarven. Bestehst du aber auch diese Prüfung, wird sich erfüllen, was du angestrebt hast.« Tom merkte, wie er begann, über die Worte des Traumdeuters nachzudenken.

»Verschwinde!«, schrie der Gutsbesitzer den Traumdeuter an. »Du hast mir nichts als Unglück gebracht!« Der Traumdeuter sah ihn mitleidsvoll an. »Nein, das warst du ganz allein.« Er blickte ihn fest an. »Wer einen Traum beginnt, der muss ihn auch beenden. Wer das nicht kann, der wird unweigerlich scheitern. Und für dieses Scheitern bist du ganz allein verantwortlich.« Tom sah, wie sich bei diesen Worten etwas in den Blick des Gutsbesitzers mischte, das er bereits kannte. »Du hast mir eine Finca versprochen, von der aus ich einmal meinen gesamten Besitz überblicken kann. Und nun ist meine Tochter tot!« Tom spürte, wie sich eine Dunkelheit in dem Gutbesitzer ausbreitete, die er gerade selbst noch in sich getragen hatte. »Du hast mich betrogen«, steigerte der Gutsbesitzer sich nun in seiner Wut. *Du hast mich betrogen*, hallte es in Toms Kopf wider. Hatte er nicht selbst eben noch so gedacht? Tom wurde ganz anders. Er griff nach seiner Schachtel und ließ sie mit dem Stein darin in seiner Tasche verschwinden. In dem Gesicht des Gutsbesitzers sah er nun etwas Dunkles. Es war die Finsternis. So musste er selbst ausgesehen haben, als er gerade noch mit dem Stein um sein Leben rang. Tom schaute auf seine zerschnittene Hand und fühlte Entsetzen in sich aufsteigen, als er bemerkte, wie der Gutsbesitzer in seinem Zorn mehr und mehr die Dunkelheit in sich ließ.

»Sieh es dir an, mein Junge«, sagte der Traumdeuter nun wieder zu Tom. »Er konnte seinem Traum nicht folgen. Nun will er nicht einmal die Schuld daran selbst tragen.« Tom schaute traurig und voller Wehmut zu dem Gutsbesitzer, dem er nun schon so lange in Freundschaft verbunden war. Er wollte gerade etwas sagen, aber als der Gutsbesitzer Tom in seinen Gedanken sah, brüllte er den Jungen ebenso an: »Du kannst auch verschwinden!« Und als ob das nicht genügte, setzte er nach: »Deinetwegen ist meine Tochter tot!« Tom versetzten die Worte einen Stich. Er sah den Blick des Gutsbesitzers, der nicht mehr dessen eigener war. Und in seiner Wut sprach der Gutsbesitzer nun etwas aus, das alles für immer zerstörte, was zwischen den beiden gewesen war: »Dein Traktor hat sie umgebracht. Du bist ein Mörder!« Bei diesen Worten zerbrach das Band, das die beiden Männer verbunden hatte, seit Tom diesem alten Anwesen wieder eine Seele gegeben hatte. Gedanken können Unheil senden, aber Worte sind ewig. Nichts würde zwischen den beiden wieder so sein wie zuvor. Waren sie eben noch in Trauer vereint, hatten diese Worte sie zu Fremden gemacht.

Der Traumdeuter war mit dem Jungen schon lange fortgegangen, da kauerte der Gutsbesitzer noch immer voller Wut und Tränen auf seiner Veranda. Hass und Finsternis hatten sein Herz vergiftet. Aber mehr noch als den Jungen, den Traumdeuter oder irgendetwas anderes auf der Welt hasste er vor allem sich selbst. So wurde die Finca ein Ort der Dunkelheit, an dem sich fortan die unerfüllten Träume der Menschen versammelten und an sich selbst zerbrachen.

Kapitel 32

»Was soll ich jetzt nur tun?« Mit einer Stille, in die sich immer noch eine tiefe Traurigkeit mischte, schaute Tom den Traumdeuter an. Lange waren sie gemeinsam ziellos über Wiesen und Felder gewandert. Die Finca lag schon weit zurück, fast, als stamme sie aus einem anderen Leben.

»Von hier aus kannst du überall hingehen«, sagte der Alte, nachdem sie eine Weile geschwiegen hatten. Sie hatten die Wiesen und Felder hinter sich gelassen, und waren auf endlosen Pfaden gewandert, bis ihr Weg sie auf eine kleine Lichtung führte, in deren Mitte ein Findling lag. Tom setzte sich auf diesen Stein, um sich ein wenig auszuruhen. Der Alte stand ruhig vor ihm und blickte in die Welt. Der Weg gabelte sich an dieser Stelle. Als Tom genauer hinsah, bemerkte er, dass es mehrere Wege waren, die sich hier kreuzten. Der Alte hatte recht. Von hier aus konnte man jeden Weg einschlagen.

»Es gibt nur keinen Weg mehr, den ich noch gehen kann.« Tom blickte in die Augen des Traumdeuters. Er hatte nicht seinen Lebensmut verloren und auch nicht seine Orientierung. Er war an einem Punkt in seinem Leben angekommen, an dem es nicht mehr weiterging. Er konnte weder leben noch sterben. Er hatte keine Kraft zu hassen oder zu lieben. Er konnte sich nicht treiben lassen oder ein Ziel suchen. Er konnte nicht mehr im Augenblick versinken. Er drohte, in ihm zu erstarren.

»Es gibt nur einen Weg, den man noch gehen kann, wenn es keine anderen Wege mehr gibt«, sprach der Traumdeuter. Tom schaute sich um. Er sah die vielen Gabelungen, die vor ihm lagen. Er stellte sich vor, wohin sie ihn führen würden. Mal sah er sich als gebrochener Mann, als Gutsbesitzer auf einer Finca in Erstarrung und Bitternis verfallen. Ein anderes Mal führte ein Weg ihn zurück in sein altes Leben. Jeden Tag würde er damit verbringen, seine Erinnerung zuzuschütten und keine Zukunft zuzulassen. Die tägliche Routine wäre Qual statt Versenkung. Er würde sein Leben hinter sich bringen und am Ende wünschen, er hätte es bereits viele Jahre vorher auf der Veranda der Finca beendet, als er noch die Kraft dazu hatte. Ein dritter Weg schickte ihn erneut auf die Reise. Er würde versuchen, nach Nepanthé zurückzukehren, um noch einmal von dem Wein zu kosten und die Sorglosigkeit zu spüren. Aber der Wein wäre schal und die Bitternis in ihm würde die Sorglosigkeit trüben, die er nie wieder so spüren könnte wie damals. Sein Leben wäre eine einzige Wiederholung, die ihn dazu verdammte, dieselben Fehler immer und immer wieder zu machen. Er würde zwar ein wenig

Freude spüren und vielleicht auch nochmal etwas von dem Gefühl der Liebe kosten. Er würde Trauer empfinden und mitunter Verzweiflung. Aber ganz gleich, was er fühlte, es wäre jedes Mal nur eine farblose Kopie dessen, was er einst gefühlt hatte. Er würde sich selbst dabei zusehen, wie er verblasste, bis er schließlich vollkommen durchsichtig wäre. Sein Verschwinden am Ende des Lebens wäre so gering, dass weder er noch irgendjemand anderes es wirklich bemerken würde.

So führte jeder Weg, den er betrachtete, auf einen Pfad, der so aussichtslos schien, dass Tom auf seinem kleinen Findling saß und sich nicht bewegen konnte. Er drohte, selbst zu Stein zu werden. *Vielleicht verschmelze ich mit diesem kleinen Fels, auf dem ich nun sitze, und werde eins mit ihm. Ich könnte Wegweiser werden für die Wanderer, die hier vorbeikämen. Denn ich kenne jeden Pfad, der von hier wegführt.* Einen Moment lang gefiel ihm der Gedanke, hier für die Ewigkeit zu sitzen und den Vorbeikommenden den Weg zu weisen. *Dann hätte sich mein Leben vielleicht doch noch gelohnt. Jedem könnte ich zeigen, was ihn erwartet. Meine Erfahrungen führten alle auf einen anderen Weg, der ihnen richtig erschien.* Aber Tom wusste, dass alle Wege in die Irre führten. Es waren Umwege, die jeden Wanderer, der hier vorbeikam, nur in eines der gelebten Leben führte, die auch Tom nicht zum Ziel gebracht hatten. *Ich wäre ein Wegweiser in falsche Träume.*

»Ich habe dich nie gelehrt, die Zeichen zu lesen«,

sagte der Traumdeuter plötzlich in die Stille seiner Gedanken hinein. Tom schaute auf. Er war den Schmetterlingen gefolgt und hatte geglaubt, am Ende selbst seine Träume deuten zu können. Aber was er als Zeichen zu erkennen meinte, hatte sich oft als falsch erwiesen. Seine Gedanken, die er sich während seiner ersten Prüfung machte, hatten ihn ebenso getäuscht wie die Liebe, die er für Juanita empfunden hatte. Sie hatten ihn sogar vergessen lassen, dass sein Weg noch nicht zu Ende war.

»Für deine dritte Prüfung wirst du die Zeichen brauchen«, sprach der Traumdeuter weiter. Tom schaute ihn fragend an. »Sie sind ganz nah. Du musst ihnen nur folgen.« Bei diesen Worten senkte Tom seinen Blick und entdeckte nun etwas auf dem Findling, auf dem er die ganze Zeit gesessen hatte. Es war keine Schrift, sondern eine Art Figur. Tom meinte, zunächst ein Fossil zu erkennen, das einem Schmetterling glich. Aber er merkte sogleich, dass er sich wieder einmal täuschte. Es hatte etwas Ähnlichkeit, aber der Findling zeigte etwas anderes. Tom erhob sich und stellte sich vor ihn. Dann erkannte er klar und deutlich, was sich auf dem Stein befand. Es war eine Muschel.

»Ihnen musst du folgen, bis du an die Kirche kommst«, hörte er den Traumdeuter noch sagen. »Ich erwarte dich am Ende dieses letzten Weges.« Als Tom sich umdrehte, war der Traumdeuter verschwunden. Dieses Mal hatte er Tom nicht fortgeschickt wie in Nepanthé. Er hatte sich nicht davongestohlen, wie nach dem Abend am

Kamin, und er war nicht geflüchtet wie nach der letzten Begegnung in dem kleinen Restaurant. Dieses Mal schien es Tom, als hätte sich der Traumdeuter genauso aufgelöst wie der Beduine in seinem Traum.

Tom blickte wieder auf die Muschel und wusste, dass der Alte recht hatte. *Du musst ins Zentrum gehen.* Das war die Prüfung, die ihm noch bevorstand. Er hatte den Augenblick erfahren und die Ziellosigkeit gelernt. Beides würde ihm helfen auf diesem letzten Weg. Er nahm einen der großen Äste, die am Wegesrand lagen, und schnitzte sich einen Stab. Dann machte er sich auf, um nach Santiago de Compostela zu gelangen, und betrat den Jakobsweg.

Kapitel 33

»Wer bist du?« Hunderte Kilometer war Tom inzwischen gewandert, bis er diese Frage hörte. Der Weg stellte sie ihm. Es war die einzige Frage, die der Weg kannte, und er stellte sie jedem, der ihn ging. Tom fand jedoch keine Antwort.

Seine Reise hatte ihn von Sevilla über Salamanca bis nach Ourense geführt. Ewige Einsamkeiten hatte er hinter sich gebracht. Immer wieder erinnerte er sich dabei an seinen letzten Traum. So wie er in dem Labyrinth der Glaspyramide alle Farben seiner inneren Energien erlebt hatte, ließ auch der Weg sein Inneres erstrahlen. Der Weg verband ihn mit der Mutter Erde und ließ ihn seine Lebensenergie spüren. Er brachte ihm seine Intuition und eine innere und äußere Klarheit. Der Weg ließ ihn auf die Stimme seines Herzens hören und mit seiner Seele sprechen. Tom erinnerte sich, wie er ganz am Ende seines Traums erkannt hatte, dass es zwischen dem Beduinen und ihm keinen Unterschied gab. *Alles war in einem und in einem selbst war alles. Die Welt da draußen ist die Welt da drinnen,* dachte Tom. *Oben wie unten.*

Aber geträumt hatte Tom den ganzen Weg nicht mehr. Vielleicht lag es daran, dass er darauf wartete. Vielleicht verwehrte ihm sein Traum die Erkenntnis, weil er sie selbst noch nicht gefunden hatte. *Wer bist du?* Musste er diese Frage beantworten, um in das Zentrum zu gelangen? Oder lag in dem Zentrum, das Tom in seinem Traum finden sollte, die Antwort?

Als er an einem der Abende seiner Wanderung Rast machte, betrachtete er im Schein des Lagerfeuers wieder seinen Stein in der kleinen Schachtel. Es waren jetzt kaum mehr als hundert Kilometer bis Santiago de Compostela, und Tom blieben nur noch wenige Nächte, in denen er noch einmal träumen konnte, bevor er dort ankam. *Dein Stein weiß bereits, wohin dein Weg dich führt. Wie kannst du es nicht wissen, wenn er es doch schon weiß?* Das hatte der Alte ihm damals in Nepanthé gesagt. Er hatte mit allem recht behalten. Tom schaute tief in den grünen Kristall. *Also, mein Herzensstein, sage mir: Wer bin ich?* Tom wartete auf ein Zeichen, auf irgendeine Antwort.

»Kann ich mich zu Euch setzen?«, erklang plötzlich hinter ihm eine männliche Stimme. Erschrocken fuhr Tom zusammen und ließ schnell die Schachtel in seinem Mantel verschwinden. Er drehte sich um und wollte aufstehen, da bat ihn der Fremde, sitzen zu bleiben. »Ich wollte Euch nicht erschrecken, verzeiht.« Ein Mann mittleren Alters stand vor ihm. Er sah nicht aus, als stamme er aus der Gegend. Er musste auch ein Pilger sein. Seine helle Haut und das blondbraune Haar ließen vermuten, dass er aus dem Norden kam. Tom meinte zudem, einen entsprechenden Akzent aus den wenigen Sätzen herauszuhören. Es stellte sich heraus, dass der Mann Holländer war. Er stellte sich Tom vor und erzählte, dass auch er auf dem Weg nach Santiago de Compostela war. Tom war nicht wirklich nach einer Unterhaltung zumute, aber er wollte auch nicht unhöflich sein. Der Mann war seit Langem der erste Mensch, dem er auf dem Weg begegnet war. Die meisten Pilger hatte er noch nahe der größeren Städte und Dörfer getroffen. Aber da er sich schon früh entschlossen hatte, die warmen Sommernächte unter freiem Himmel und nicht in einer der Herbergen zu verbringen, war er an Gesellschaft kaum noch gewöhnt. Tom hatte auf diese Weise gehofft, besser zu sich selbst zu finden und seine letzte Prüfung zu bestehen. Aber vielleicht schickte ihm das Universum gerade jetzt kurz vor dem Ende des Weges jemanden, um ihm bei seiner letzten Aufgabe zu helfen.

»Was führt dich auf den Jakobsweg?«, fragte der Holländer, und nachdem Tom etwas gezögert hatte, fing er an, dem Mann seine Geschichte zu erzählen. Am ersten Abend erzählte er nur von seinen Schicksalsschlägen. Aber nachdem sie am nächsten Tag beschlossen, ein Stück des Weges gemeinsam zu gehen, berichtete Tom auch von seinen anderen Erlebnissen und wie es ihm auf der Finca ergangen war. Der Holländer seinerseits erzählte Tom, dass er seit seiner Geburt aus sehr wohlhabenden Verhältnissen stammte und des Materiellen in seinem Leben mehr und mehr überdrüssig geworden war. Er sehnte sich nach Sinn und Spiritualität und hatte schließlich nichts anderes mehr mit sich anzufangen gewusst, als den Weg nach Santiago de Compostela zu gehen. Als sie schon fast drei Tage zusammen wanderten, fragte Tom den Mann nach seinen Träumen. Der Holländer schien zunächst nicht recht zu verstehen, bis Tom ihm von Nepanthé, dem Traumdeuter und seinen eigenen Träumen berichtete. »Mir ist es ganz genauso ergangen«, stieß der Mann plötzlich hervor. »Seit ich in dieses Land gekommen bin, führen mich meine Träume auf eine Reise zu dem Sinn meiner Existenz. Auch ich frage mich, wer ich eigentlich bin.« Tom war kurz verwundert, dass der Holländer einen so ähnlichen Traum hatte. Aber vermutlich waren viele der Menschen, die er hier auf dem Jakobsweg treffen konnte, von den gleichen Fragen berührt, die auch Tom umtrieben.

»Ich habe einen Schatz, der mich leitet«, sagte der Holländer schließlich, als sie am dritten Abend beim Lagerfeuer zusammensaßen. Tom schaute ihn erwartungsvoll an. »Es ist ein roter Rubin. Ein altes Erbstück aus meiner Familie, dem meine Großmutter magische Kräfte zuschrieb«, erklärte ihm der Mann. »Auch ich habe einen solchen Kristall«, stieß Tom voller Freude hervor. Er konnte gar nicht glauben, dass es noch andere Menschen gab, die sich von Steinen leiten ließen. Aber wahrscheinlich war das der Sinn dieses Weges. Man begegnete Menschen mit ähnlichen Schicksalen und vielleicht konnte man von ihnen lernen. Das Universum hatte Tom diesen Mann geschickt, um ihm bei seiner letzten Prüfung zur Seite zu stehen. »Was ist das für ein Kristall?«, wollte der Holländer jetzt wissen, und Tom spürte kurz ein Misstrauen in sich aufkommen. Es war die Art, wie der Mann plötzlich fragte, aber Tom schob es schnell auf seinen Akzent. Er hatte doch gelernt, seinen Gedanken nicht mehr allzu viel beizumessen, da sie ihn so häufig in die Irre geführt hatten. Misstrauen sollte nicht mehr Toms Welt bestimmen. Nach einigem Zögern berichtete er dem Mann von seinem Smaragd, den ihm sein Vater hinterlassen hatte. Er erzählte von der *Tabula Smaragdina*, die dem Mann erstaunlicherweise wenig sagte, und welche Mystik er auch seinem Stein zuschrieb. Dennoch war Tom froh, dass der Holländer ihn nicht aufforderte, die Schachtel hervorzuholen. *Er möchte wohl selbst nicht seinen Rubin offen zeigen*, dachte Tom voller Verständnis. Der Gedanke beruhigte ihn. Wahrscheinlich hat er als Sohn aus gutem Hause nur allzu oft schlechte Erfahrungen gemacht, wenn er seinen Besitz offen zeigte. Vermutlich war er auf diesem Weg besonders vorsichtig. Schließlich hörte man oft Geschichten von Gaunern und Dieben, die die Gutgläubigkeit einiger gut betuchter Pilger auszunutzen wussten und sie um ihr Hab und Gut brachten. Dennoch vergaß Tom an diesem Abend nicht zu erwähnen, dass es sich bei seinem Kristall wohl doch nur um eine wertlose Glasscherbe handeln würde. Aber da hörte der Holländer bereits nicht mehr besonders aufmerksam zu. Müde schliefen sie beide am Lagerfeuer ein. Am nächsten Tag stand ihnen ihre letzte Etappe bevor.

Kapitel 34

Als Tom am nächsten Morgen aufwachte, war der Holländer verschwunden. Erschrocken tastete er nach seiner Schachtel und fand sie in seiner Aufregung zunächst nicht. Beruhigt stelle er schließlich fest, dass er sie nur in eine andere Tasche gesteckt haben musste, als er noch vom Vorabend in Erinnerung hatte. Er warf einen Blick hinein und betrachtete erleichtert seinen Stein.

»Wie wäre es mit Frühstück?«, hörte er plötzlich den Holländer hinter sich sagen. Wieder war Tom zusammengezuckt, hatte er doch geglaubt, der Mann sei über alle Berge. Etwas beschämt sah Tom, dass er nur zu der nächsten Herberge gegangen war, die sich unweit ihres Nachtlagers befand, und von dort frischen Kaffee und etwas Gebäck mitgebracht hatte. »Ich bin früh aufgewacht und konnte nicht wieder einschlafen«, sagte der Holländer und sah, was Tom gedacht hatte. »Hast du geglaubt, ich bin mit deinem Edelstein auf und davon?«, fragte er ihn prüfend. Tom schwieg. Der Holländer lachte. »Keine Sorge, ich kann dich verstehen. Mir ist es oft schon genauso gegangen. Wenn man reich ist, fürchtet man ständig, die Leute wollten einen bestehlen. Ich nehme dir das nicht übel.«

Erleichtert und doch mit etwas Scham nickte Tom dem Holländer zu. Er war froh über dessen Reaktion und fing an, den Mann zu mögen, der ihm doch manchmal etwas seltsam vorgekommen war. *Ich bin immer noch viel zu misstrauisch*, dachte Tom bei sich und nahm sich vor, in Zukunft wieder weniger auf seine Gedanken zu hören.

Sie frühstückten gemeinsam und unterhielten sich noch ein wenig. Dann war es Zeit aufzubrechen. Wenn sie heute ein gutes Stück des Weges zurücklegten, lag nur noch eine Nacht vor ihnen, und schon am morgigen Tag würden sie Santiago de Compostela erreichen. Sie wanderten still und bemühten sich voranzukommen. Tom betrachtete den Holländer auf dieser Wanderung noch oft von der Seite und fragte sich, ob dieser ihm bei seiner letzten Prüfung helfen würde. *Er hat mich bereits daran erinnert, mir nicht zu viele Gedanken zu machen*, sagte er sich. *Vielleicht passiert heute noch etwas, und in dieser letzten Nacht habe ich noch einmal einen Traum, der meine Reise abschließt.*

Und tatsächlich geschah an diesem Abend am Lagerfeuer etwas, mit dem Tom nicht gerechnet hatte. Als der Holländer und er am Feuer saßen und ihre Abendmahlzeit zu sich nahmen, gesellte sich eine kleine dunkle Gestalt zu ihnen. Es war ein weiterer Pilger, der weit aus dem Osten stammte. Er war Tom und dem Holländer von Beginn an unheimlich. Sie waren nur noch wenige Kilometer von Santiago de Compostela entfernt und es war nicht ungewöhnlich, dass sie nun wieder auf andere Menschen trafen. Aber diese kleine Gestalt erweckte bei ihnen enormes Misstrauen. Tom sah, dass auch dem Holländer nicht wohl war. Obwohl er sich vorgenommen hatte, nicht mehr schlechten Gedanken zu folgen, sagte er sich, dass er allen Grund hatte, auf der Hut zu sein, wenn sein neu gewonnener Freund ebenfalls ein wenig Argwohn hegte. Als das Männlein aus dem Osten für einen kurzen Augenblick das Lager verließ, um sich zu erleichtern, sprach der Holländer Tom an. »Hoffentlich will er uns nicht berauben. Ich kenne solche Leute. Es wäre unhöflich, ihn grundlos wegzuschicken, aber ich fühle mich in seiner Gegenwart nicht wohl.« Tom konnte dem nur zustimmen und fragte seinerseits, was sie denn nun tun sollten. »Ich glaube, einer von uns sollte heute in der nächsten Herberge übernachten. Wir können nicht beide gehen, sonst kommt er vielleicht mit und beraubt uns womöglich noch dort.« »Aber was machen wir mit unseren Edelsteinen?«, fragte Tom und wusste, dass sie sich schnell etwas überlegen mussten, bevor das Männlein wiederkam. »Einer von uns muss sie beide mitnehmen, damit sie nicht hier bei ihm sind«, sagte der Holländer, und als er sah, wie unwohl Tom bei dem Gedanken wurde, fragte er vertrauensvoll: »Willst du gehen oder soll ich?« Bei dieser Frage kehrte die Erleichterung in Toms Gedanken zurück. *Er würde mir sogar seinen Rubin anvertrauen*, dachte er bei sich. Wieder empfand er Scham, denn für einen Bruchteil einer Sekunde hatte er dem Holländer schon wieder böse Absichten unterstellt. »Geh du ruhig.« Es klang wie eine Entschuldigung. Er wollte dem Holländer und vor allem sich selbst beweisen, dass er nun wirklich seine schlechten Gedanken überwunden hatte und Vertrauen schenken konnte. »In Ordnung, wir treffen uns morgen früh direkt vor der Herberge. Dann lassen wir uns ein Frühstück schmecken und wandern wieder gemeinsam das letzte Stück bis zur Kirche.« Der Holländer strahlte. Tom war erleichtert. Vielleicht war das die Prüfung, die er noch zu bestehen hatte, um zu sich selbst zu finden. Er musste Vertrauen fassen zu dieser Welt. Er holte seine kleine Schachtel hervor und gab sie dem Holländer. Sein wichtigstes Gut konnte Tom der Welt anvertrauen. Sie war nicht böse. Auch wenn er den Holländer erst seit ein paar Tagen kannte, hatte das Universum ihn doch scheinbar geschickt, um Tom die Welt künftig mit anderen Augen sehen zu lassen. Es genügte nicht, die Schachtel mit dem Stein nicht ständig in der Nähe zu haben, Tom musste sie ganz loslassen können. So war er froh, als er sah, dass der Holländer sie gut bei sich verwahrte. Als das Männlein zurückkehrte, sagte der Holländer, ihm sei vom Essen nicht wohl und dass er heute lieber in einer Herberge übernachten wolle. Als der Holländer im Schein des Feuers seine Sachen packte und mit seinem Stein verschwand, lächelte

Tom. Er hatte sich und der Welt gezeigt, dass er ihr vertraute und hoffte damit, einen weiteren Schritt zu sich selbst gemacht zu haben. *Der Stein war noch das, was mir im Weg stand. Mich von ihm zu lösen, bringt mich vielleicht näher zu mir selbst.* Das kleine Männlein schlief bereits neben ihm und schnarchte, als Tom über die Geschehnisse der letzten Tage nachdachte und langsam müde wurde. Er wunderte sich nun ein wenig darüber, dass es ihm doch so leichtgefallen war, seinen Stein wegzugeben. Oder war es leichtfertig gewesen? Er würde ihn ja schon am nächsten Morgen wieder zurückbekommen. *Wenn ich ihn nicht einmal für eine Nacht hergeben kann, dann bin ich ewig an ihn gebunden,* dachte Tom noch und musste an den Gutsherrn und seine Finca denken. Aber im selben Moment kam ihm der Gedanke merkwürdig vor, denn sein Stein sollte ihn ja führen. *Wie könnte er ohne ihn zu sich selbst finden?*, fragte er sich, als er schon halb eingeschlafen war. *Man muss die Dinge, an denen einem am meisten liegt, erst loslassen, um sehen zu können, ob sie zu einem zurückkommen. Erst dann kann man sich ihrer Liebe sicher sein.* Die Gedanken jagten durch seinen Kopf. *Aber wie hilft mir das dabei herauszufinden, wer ich bin? Vielleicht ist der Weg ins Zentrum ein Schritt vom Zentrum weg?*, dachte Tom, da war er schon fast vollkommen eingeschlafen. Ob er wohl gleich erfahren würde, wer er wirklich war? Mit diesem letzten Gedanken schlief er ein und hörte noch einmal die Worte des Weges: »Wer bist du?«

Kapitel 35

Der Mann fand sich auf einer Lichtung wieder. Schon wieder begriff er nicht, wie er hierhergekommen war, aber diesmal fühlte es sich richtig an. Er erinnerte sich, dass er anhand der Worte über dem Bogen am Eingang der farbigen Prismapyramide erkannt hatte, wer der alte Beduine war, der ihn bis hierhin geführt hatte. Die alten Worte einer noch viel älteren Sprache, an deren Bedeutung sich der Mann in dem Moment erinnerte, als er sie über dem Torbogen gelesen hatte, sagten es ihm: »In Lak'ech Ala K'in – Du bist ich und ich bin du.« Es war das Bekenntnis zur Einheit und Einzigartigkeit, das in vielen Kulturen und alten Sprachen bestand. Der Mann meinte darin eine universelle Musik zu hören, als er die Worte über dem Tor gelesen hatte.

Er spürte, dass auf dieser Lichtung im Wald das Ende seiner Reise lag, auf die er sich vor so langer Zeit begeben hatte. Noch immer fiel ihm nicht ein, wer er war oder wie er hieß. Aber das Gefühl, dass das eigentlich bedeutungslos war, empfand er dafür nun umso deutlicher. Langsam erinnerte er sich, warum er eigentlich hierhergekommen war. »Um eine alte Wahrheit zu finden, die du einmal gewusst, aber dann vergessen hast«, hörte er die Stimme zu ihm sprechen, und als er sich umsah, stand auf der Waldlichtung sein Esel.

»Ja, eine Wahrheit, deren Bedeutung mir damals nicht bewusst war und die ich doch gekommen bin, heute hier wiederzufinden, mein lieber Cormeum«, sagte der Mann zu der Stimme. Milde schaute er seinen Esel an, der auf der Waldlichtung stand. Das Bild zog an seinen Gedanken. Irgendetwas hieran kannte er bereits.

»Ich bin sicher, du wirst deine Wahrheit finden«, hörte er da auf einmal eine viel zartere Stimme laut und deutlich sagen. Als der Mann sich erneut umdrehte, sah er einen Jungen, der nun ebenfalls auf der Waldlichtung stand und ihn anstrahlte. »Gefällt dir mein Esel?« Der Mann schaute verwundert zu dem Tier. »Das ist dein Esel?«, fragte er. »Aber ja, das weißt du doch«, antwortete der Junge überrascht.

»Komm mit, ich helfe dir dabei, deine Wahrheit zu finden«, sagte der Junge, nachdem er sich auf den Esel geschwungen hatte. Gemeinsam gingen sie schweigend in den Wald hinein. Sie sahen Wiesen und Flüsse, Blumen und Waldtiere. Sie kamen an Seen vorbei und an Bergen. Der Pfad schien die Welt eines ganzen Menschenlebens zu umfassen. Sie schwiegen die ganze Zeit. Dann tanzten die Schmetterlinge. Der Mann sah sie auf der Lichtung, von der aus sie aufgebrochen waren. Nun lag sie wieder vor ihnen. Die Schmetterlinge tanzten über der Wiese, der Wind spielte eine leise Musik dazu, und dann sah der Mann die anderen Jungen mit ihren Eseln.

»Da bist du ja endlich«, sagte einer der anderen Jungen. »Wir wollen los.« »Ich komme gleich«, sagte der Junge zu ihnen und wandte sich noch einmal an den Mann: »Ich muss sie anführen, sie reiten sonst nicht los. Sie kennen die Gegend hier nicht so gut wie mein Esel und ich.« Der Junge deutete auf die wartende Gruppe. »Aber ich habe dir versprochen, deine Wahrheit zu finden, und das Versprechen werde ich halten«, sprach der Junge weiter zu dem Mann. »Hier«, der Junge zeigte auf einen Platz inmitten der Wiese, auf der die Schmetterlinge tanzten. »Setze dich dorthin und nimm dies.« Mit diesen Worten überreichte er dem Mann eine Feder und Papier und ließ ihn in der Mitte der Lichtung Platz nehmen. Der Mann tat, worum der Junge ihn bat, und wusste doch nicht recht, was das alles zu bedeuten hatte. Fragend schaute er dem Jungen nach, der nun schon wieder auf seinen Esel geklettert war und auf die Spitze der Gruppe zuritt.

»Nun schreib sie auf, deine Wahrheit«, rief ihm der Junge zu, als er sich langsam mit der Gruppe der anderen Jungen und ihren Eseln auf den Weg machte, die Lichtung zu verlassen. »Wie soll ich das anstellen?«, fragte der Mann. »Die Schmetterlinge werden dir Glück bringen«, lachte der Junge und war bereits dabei, hinter den ersten Bäumen zu verschwinden.

Der Mann schaute der Eselgruppe noch einen Augenblick nach, bis das letzte Tier die Lichtung verlassen hatte. Dann begann er zu schreiben. Die Erinnerung kam mit jeder Zeile, die auf dem Blatt entstand. Erfüllt von tiefer, innerer Zufriedenheit notierte er Wort um Wort, Zeile für Zeile und bemerkte nicht einmal, wie er dabei war, seine alte Wahrheit aufzuschreiben.

Eine Weile war vergangen. Der Mann hatte das Blatt fast vollgeschrieben, da sah er, wie die Gruppe auf ihren Tieren wieder in die Waldlichtung einbog. Vorneweg ritt immer noch der kleine Junge. Der Mann hatte gerade das letzte Wort zu Papier gebracht, als der Junge mit seinem Esel wieder vor ihm stand. Beide lächelten.

»Was soll ich jetzt damit machen?«, deutete der Mann fragend auf das Papier, auf dem nun seine Geschichte stand. »Nun, du musst sie tief unter der Pyramide verstecken«, sagte der Junge und zeigte auf eine Stelle, an der der Wald in zwei Teile zerfiel. Dazwischen sah der Mann nun voller Erstaunen wieder den Kristall, der ihm entgegenblinkte.

»Warum soll ich das tun?«, fragte der Mann noch, als das Licht der Pyramide langsam heller wurde. »Damit die Wahrheit nicht verloren geht«, rief der Junge ihm jetzt zu. Es war das Letzte, das der Mann noch hörte. Als das Licht immer greller und greller wurde, öffnete er die Augen und wusste, dass sein Traum zu Ende war.

Kapitel 36

Das grelle Licht der Mittagssonne weckte Tom aus seinem Schlaf. Als er die Augen aufschlug, merkte er, dass er allein war. Das kleine Männlein war verschwunden, und Tom wollte gerade nach seiner kleinen Schachtel suchen, da fiel ihm ein, dass er sie am Vorabend ja dem Holländer mitgegeben hatte.

In Eile packte er seine Sachen zusammen. Es war schon spät. Sie hatten sich zum Frühstück an der Herberge treffen wollen, aber der Traum hatte Tom zu lange schlafen lassen. Was hatte er da nur geträumt? Er konnte sich noch an alles ganz genau erinnern, außer daran, was er auf dieser Lichtung im Wald aufgeschrieben hatte. *Wer bist du?* Der Traum gab ihm darauf keine Antwort. Wenn ihm nur einfiele, was für eine Wahrheit er auf das Papier geschrieben hatte. Er musste zu seinem Kristall zurück. In seinem Traum hatte er die Wahrheit in ihm versteckt. *Mein Stein kennt also doch die Antwort*, dachte Tom.

Tom schaffte es nun zwar nicht mehr, rechtzeitig zur verabredeten Zeit zur Herberge zu kommen, aber der

Holländer hatte bestimmt gewartet. So wie sie es besprochen hatten. Nun würden sie zusammen eben Mittag essen. Tom würde dem Holländer von seinem Traum erzählen und nochmals seinen Stein befragen. Vielleicht schafften sie es ja mit vereinten Kräften, das Rätsel zu lösen. Schließlich war auch der Holländer nicht unerfahren mit mystischen Kristallen. Am Ende half womöglich sein Rubin bei der Lösung.

Aber Tom fand niemanden bei der Herberge vor. Er dachte sich zunächst nichts dabei, denn er war es ja selbst, der den Morgen verschlafen hatte und nicht zum Frühstück erschienen war. Er fragte sich, warum der Holländer nicht zurück zum Lager gekommen war, als er Tom nicht am frühen Morgen bei der Herberge antraf. Vielleicht hatte er geglaubt, Tom sei bereits nach Santiago de Compostela aufgebrochen. Gerade wollte sich Tom auf den Weg machen, da sah er das kleine Männlein wieder. Es hatte sich am Brunnen neben der Herberge etwas Wasser abgefüllt.

»Da haben wir aber Glück gehabt«, sagte es zu Tom, doch dieser verstand nicht recht. »Wir wären fast mit diesem Holländer am Lager geblieben, wenn der nicht selbst so überraschend aufgebrochen wäre«, erklärte das Männlein dem erstaunten Tom. »Heute Morgen haben sie mir beim Frühstück in der Herberge erzählt, dass in der Gegend ein Holländer unterwegs sei, der vorgibt, aus reichem Hause zu stammen und sich so das Vertrauen der Pilger erschleicht.«

Tom wurde bei diesen Worten ganz übel. »Dann überlistet er die armen Leute und bringt sie dazu, ihm ihr Hab und Gut anzuvertrauen, und macht sich damit dann auf und davon.« Toms Gesicht wurde blass. »Gut, dass er nicht bei uns am Lager geblieben ist. Du hast ihn wahrscheinlich mit deinem Misstrauen verscheucht«, sagte der kleine Mann. »Auch mir war deine Art erst unangenehm. Aber ich konnte mir die Herberge nicht leisten, und nun bin ich froh, dass du ihn vertrieben hast. Dafür danke ich dir.« Mit diesen Worten machte sich das Männlein auf den Weg, denn es war nun schon nach Mittag und es wollte rechtzeitig an diesem Tag seinen Weg beenden.

Tom sackte zusammen. Er ließ sich auf die Stufen vor der Herberge fallen und begann zu weinen. Wieder hatte er alles verkehrt gemacht. Wieder hatte er die Prüfung nicht verstanden. Schlimmer noch. Nach all den Prüfungen war er auf einen einfachen Dieb hereingefallen und hatte ihm leichtfertig das Kostbarste gegeben, das er noch besaß. Der Stein sollte ihn führen. Nun würde er nie mehr erfahren, was sein Traum für ihn bereithielt. Ohne den Stein konnte er nicht mehr die Wahrheit erfahren, die er in seinem Traum in ihm versteckt hatte. Tom versuchte noch einmal, sich daran zu erinnern, was er im Traum auf der Lichtung im Wald aufgeschrieben hatte. Aber ihm war schnell klar, dass er sich ohne seinen Stein nicht erinnern würde. Seine Gedankenlosigkeit hatte ihn diesmal getäuscht. Alles war verloren.

Tom saß wenige Kilometer vor seinem Ziel auf den Stufen der Herberge und wusste, dass er diesen letzten Weg nicht zu Ende gehen konnte.

Kapitel 37

Er hatte so gesessen, bis die Nachmittagssonne den Abend ankündigte. Zwei Gesellen aus der Stadt kamen zu der Herberge, um dort einzukehren. Tom konnte hören, wie sie sich unterhielten, als sie sich den Stufen näherten, auf denen Tom immer noch saß.

»Der arme Kerl hat wirklich geglaubt, er hätte einen mystischen Schatz gefunden«, hörte er den einen sagen. »Wie wütend er geworden ist, als ihm mein Meister, der Juwelier, immer wieder versicherte, es handele sich nur um eine Glasscherbe.« »Er hat die Schachtel nicht einmal mehr mitgenommen, als er sich auf und davon machte?«, fragte ihn der andere. »Wahrscheinlich ist er in Panik aufgebrochen, weil mein Meister anfing, ihm unangenehme Fragen zu stellen«, sagte nun wieder der erste Geselle. »Der Mann hat wahrscheinlich einen armen Pilger beraubt. Aber am Ende ist er selbst das Opfer gewesen. Der dumme Kerl fällt tatsächlich auf eine Glasscherbe herein.« Dann mussten beide laut lachen.

Tom hatte die Unterhaltung klar hören können. Er fragte die beiden, was sich zugetragen hatte, und fand bestätigt, was er gehofft hatte zu hören. Wo dieser Juwelier sei, wollte Tom wissen, und die beiden wiesen ihm den Weg.

Der kleine Laden befand sich am Stadtrand. Der Juwelier wollte gerade schließen, als Tom außer Atem in sein Geschäft stürzte. »Wir haben bereits geschlossen«, sagte er noch, da fragte Tom auch schon nach der kleinen Schachtel. »Habt Ihr sie noch?« Der Juwelier blickte auf. Er lächelte. »Euch gehört also diese Kostbarkeit«, sagte er zu Tom und holte etwas unter dem Tresen hervor. Es war tatsächlich seine Schachtel, wie Tom erleichtert feststellte. Kurz hatte er geglaubt, es hätte eine Verwechslung gegeben. Aber die Schachtel war eindeutig seine. »Ihr meint meine wertlose Glasscherbe«, schaute Tom den Juwelier fragend an. Der Juwelier musste wieder schmunzeln. »Mit der Geschichte habe ich diesen Halunken vertrieben«, sagte er lächelnd. »Wenn man so lange im Geschäft ist wie ich, erkennt man gleich, wer mit gestohlener Ware zu einem kommt.« Er sah Tom an und fügte nach einer Pause hinzu: »Und man erkennt auch, wer tatsächlich einen Splitter aus der *Tabula Smaragdina* sein Eigen nennen kann.« Toms Augen weiteten sich. »Der kleine Kristall hat für mich vor allem einen hohen ideellen Wert«, sagte er vorsichtig. Er fürchtete, der Juwelier könnte einen hohen Preis für die Schachtel mit dem Stein fordern. »Keine Sorge«, lächelte ihn der Juwelier wieder an. »Ich verlange nichts für die Rückgabe. Wer ein so wertvolles mystisches Juwel besitzt, der verdient die ganze Hilfe des Universums.« Tom rang immer noch mit sich. Es fielen ihm keine Worte ein, die er sagen konnte. Eben noch hatte er alles verloren geglaubt, doch nun hatte das Schicksal ihn zu einem Mann geschickt, der seinen Herzensstein als das bezeichnete, was sein Vater immer in ihm gesehen hatte. Es gab also doch noch Zauber in dieser Welt. Tom versuchte, seine Fassung zu bewahren. »Natürlich ist der ideelle Wert ungleich höher«, durchbrach der Juwelier noch einmal die Stille. »Wobei der materielle Preis durchaus beachtenswert ist«, fügte er dann mit einem Lächeln hinzu, das eine stille Freude nicht verbergen konnte. »Kann ich sonst noch etwas tun?«, fragte der Juwelier noch und ohne eine Antwort abzuwarten, fügte er hinzu: »Denn, wie gesagt, wir haben eigentlich schon geschlossen.« Mit diesen Worten gab er Tom die Schachtel mit dem Kristall und begleitete ihn zur Tür. Als sie sich verabschiedeten, schaute ihn Tom mit einer kleinen Träne im Auge noch einmal an und sagte: »Danke! Für alles.«

Kapitel 38

Tom stand noch eine Weile vor dem Geschäft und betrachtete seine Schachtel. Erst das Glockenläuten holte ihn aus seinen Gedanken zurück. Die Abendsonne schien in einem warmen Rot in die Straßen der kleinen Stadt, und Tom bemerkte jetzt erst die vielen Leute, unter ihnen viele Pilger, die durch die Straßen strömten. Einen vorbeilaufenden Mann hielt er an und fragte ihn: »Wisst Ihr, wie diese Stadt heißt und wie ich von hier aus nach Santiago de Compostela komme?« Der Mann schaute ihn verwundert an. Dann lachte er fröhlich. »Die Antwort auf Eure erste Frage führt Euch dorthin.« Tom verstand nicht. »Ihr seid bereits in Santiago de Compostela. Kommt mit, die Kirchenglocken läuten. Gleich beginnt die Heilige Messe.«

Wie in Trance schritt Tom mit der Menschenmenge zum großen Platz. Er ließ sich mitziehen von den fröhlichen Seelen, die nach ihren langen Reisen endlich an ihrem Ziel angekommen waren. Die Kirche auf dem Platz bot einen atemberaubenden Anblick. Die ganze Kraft des Weges bündelte sich in ihr. Die Energien, die

die Menschen zu ihr trugen, ließ sie für Tom in allen Farben erstrahlen, so wie die Kristallpyramide in seinem Traum. Die Menge schob sich zum Eingang, und Tom schritt mit ihr auf die Kirche zu. Hier endete sein Weg. Er hielt seine kleine Schachtel ganz fest in der Hand. Als er gerade anfangen wollte, darüber nachzudenken, wie er seine letzte Prüfung lösen sollte und was sein Traum ihm hatte sagen wollen, sah er ihn. Neben dem Eingang der Kirche, auf die die Menge Tom hinschob, stand der Traumdeuter und strahlte. Es dauerte nicht lange, dann stand Tom direkt vor ihm. »Schön, dich wiederzusehen«, sagte der Traumdeuter lachend. Tom nickte still. »Du hast es also geschafft.« Tom warf ihm einen matten Blick zu. »Nein. Ich hätte beinahe nur meinen Kristall verloren. Aber an die Wahrheit, von der ich geträumt habe, habe ich mich nicht erinnern können.« Der Traumdeuter sah ihn an, neigte den Kopf zur Seite und lächelte ihm zu. »Du hast Glück. Ich kann Träume deuten.«

Wenig später saßen sie in einem Café auf dem Kirchplatz. Der Traumdeuter hatte Tom beiseitegenommen und aus der Menge geführt. Tom hatte ihm von seinen Erlebnissen auf dem Jakobsweg berichtet. Er erzählte ihm von dem Holländer und dem Juwelier und davon, wie er seinen Stein wiederbekommen hatte und dass dieser tatsächlich wertvoll war, weil er aus der *Tabula Smaragdina* stammte. Dann schilderte Tom dem Traumdeuter seinen letzten Traum. Als er fertig war, sah er ihn erwartungsvoll an. »Kannst du mir nun sagen, was er bedeutet? Welche Wahrheit habe ich einmal gekannt und nun vergessen? Was steht auf dem Zettel, den mich der Junge hat schreiben lassen? Und vor allem: Wer bin ich?«

Der Traumdeuter schaute den Jungen sehr lange an. Er kannte die Antwort auf alle diese Fragen bereits seit dem Moment, als er ihm das erste Mal an der Zypresse in Nepanthé begegnet war. Nach einer langen Pause, die Tom wie eine Ewigkeit vorkam, nahm der Traumdeuter einen tiefen Atemzug und sprach: »Es ist nun an der Zeit, dass du mir meine Belohnung gewährst.« Tom spürte bei dem Satz des Traumdeuters ein wenig Unbehagen in sich aufkommen. Er hatte vollkommen vergessen, dass dessen Dienste nicht umsonst gewesen waren. In Nepanthé hatte Tom versprochen, ihm das zu gewähren, was auch immer der Traumdeuter später fordern würde. Der weise Mann hatte alles vorausgesehen. Er hatte gewusst, dass der Traum sich erst nach und nach offenbaren würde und dass Tom dann seine Hilfe bräuchte. Vielleicht hatte es die Zypresse ihm damals schon verraten, als der Wind aus dem Baum dem Traumdeuter etwas zuflüsterte. Tom hatte zu der Zeit keine Sorge gehabt, sich auf eine Bezahlung einzulassen, die er noch nicht kannte. Schließlich hatte er geglaubt, es selbst in der Hand zu haben, ob er die Dienste des Traumdeuters mehr als das eine Mal in Anspruch nehmen würde. Die Verbundenheit, die sich im Laufe der Zeit zwischen den beiden entwickelt hatte, hatte Tom vergessen lassen, dass am Ende der Lohn wartete, den der Traumdeuter nun für sich einforderte.

»Was verlangst du?«, fragte Tom ihn unsicher. Seine Hand tastete nach der kleinen Schachtel. Damals hatte er befürchtet, es ginge dem Alten nur um seinen Schatz. Vielleicht besaß er bereits alle Teile der mythischen Smaragdtafel, und Toms Stein war der letzte Splitter, der ihm noch fehlte. Sorgenvoll umklammerte seine Hand die Schachtel mit seinem Stein darin. Denn auch wenn er jetzt seinem Lebenszweck so nahegekommen war, blieb der Stein doch die einzige Erinnerung an seinen Vater. Toms Herz stockte, als er den Alten auf seine Tasche zeigen sah. »Gib mir die Schachtel«, sagte der Traumdeuter, und Tom spürte den prüfenden Blick, der nun auf ihm ruhte. Der Alte wollte tatsächlich seinen Stein. Tom fand sich zurückgeworfen auf die Treppe der Herberge, auf der er nachmittags noch gesessen und um seinen Stein getrauert hatte. *Was habe ich bloß getan?* Für die Deutung von Träumen hatte er seinen Herzensstein geopfert. *Wie konnte das sein?* Kurz flackerten Gedanken in Toms Kopf auf. *Musste er dem Alten wirklich seinen Stein geben? Hatte dieser ihn nicht mit einem Trick hereingelegt, so wie der Holländer? Waren seine Dienste denn schon wirklich alle erbracht?* Schließlich fehlte noch die Deutung des letzten Traums. »Sage mir erst die Bedeutung meines letzten Traums«, forderte Tom den Alten auf. Doch dieser erwiderte nur: »Dafür musst du mir die Schachtel geben.« Der Traumdeuter sah, wie Tom mit sich rang. Seine gesamte Vergangenheit befand sich in dieser Schachtel. Alle Erinnerungen, Bilder und Erlebnisse, die er einmal gehabt und geliebt hatte.

Doch Tom wusste, dass der Traumdeuter im Recht war. Nach all dem, was er für ihn getan hatte, bestand kein Zweifel mehr, dass er Tom auch noch den letzten Teil seines Traums entschlüsseln würde. Er hatte alles Recht der Welt, im Gegenzug dafür seine Belohnung zu fordern. *Do ut des*, dachte Tom. Ich gebe, damit du gibst. Es war ein uraltes Gesetz. Wenn er das Universum nicht erzürnen wollte, dann durfte er dieses Gesetz nicht brechen. Tom holte seine Schachtel hervor und schaute sie an. Eine Weile verging und die Augen des Traumdeuters ruhten sanft auf dem Bild, das um Tom und seine Schachtel mit dem grünen Kristall darin entstand.

Es ist meist die letzte Prüfung, an der die Menschen scheitern, dachte der Traumdeuter bei diesem Anblick. *Sie verfolgen alle ihren Lebenstraum bis zu diesem einen letzten unscheinbaren Moment. Es ist die Stunde, in der die Nacht am schwärzesten ist. Kurz bevor die Sonne aufgeht. Anstatt das Vertrauen zu würdigen, das das Universum ihnen entgegengebracht hat, werfen sie es kurz vor dem Ziel weg. Dann war alle Mühe umsonst. Sie sehen nie die Sonne aufgehen, weil sie nicht mehr an sie geglaubt haben.*

Tom schaute noch immer seine Schachtel an. Er verweilte in diesem Augenblick. Er hatte gelernt, seine Gedanken zu beherrschen. Sie konnten ihm nun nichts mehr anhaben. Er versank ganz in dem Moment, in dem er sich befand. Er schloss die Augen und spürte, wie er die Schachtel mit seinem Stein in den Händen hielt. Alle Bilder, die den Zauber seines Vaters in sich trugen, verschmolzen in diesem Augenblick darin. Sie wurden eins mit Tom, und Tom wurde eins mit ihnen. Er war Teil eines Ganzen. *In Lak'ech Ala K'in.* Das waren die Worte, die Tom nun wieder vor seinem geistigen Auge sah. Er fühlte seine Verbundenheit zur Weltenseele. Er spürte, dass sie ihn immer untrennbar verbinden würde mit der Zeit, die war und die sein würde. Mit all den Bildern und Geschehnissen. Mit all den anderen Menschen, die er auf seiner Reise getroffen hatte. Mit dem alten Mütterchen und dem Wirt in Nepanthé, mit dem Gutsbesitzer und seiner Tochter, sogar mit dem Holländer und dem kleinen Männchen aus dem Osten, mit den zwei Gesellen und dem Juwelier. Und natürlich mit dem Traumdeuter. In diesem Augenblick aber spürte er auch die Verbindung mit etwas anderem. Tom fühlte sich untrennbar mit seinem Vater verbunden. Er konnte ihn für diesen einen Moment spüren. Er fühlte, wer sein Vater war und wie er gelebt hatte. Das Leben seines Vaters erschloss sich ihm, als sei es sein eigenes. Da wusste Tom, dass er selbst ein Teil des Universums war und dass das Universum in ihm wohnte. Es brauchte keinen Stein, um ihn daran zu erinnern.

In vollkommenem Frieden schlug Tom die Augen auf. Er sah den weisen, alten Mann freundlich an und gab ihm, worum dieser ihn gebeten hatte. Als Tom die

Schachtel losließ, spürte er, wie sich der Friede, den er bis eben empfunden hatte, nun auf die gesamte Welt legte. Alles um ihn herum wurde hell und still.

Die Freude des Traumdeuters hätte größer nicht sein können. Er nahm die Schachtel entgegen und öffnete sie. Für einen Moment blickte er hinein. Dann lächelte er. Der letzte Teil fügte sich ein in das große Ganze. Genau so, wie er es damals vorausgesehen hatte. Damals, als er mit Tom auf dem Berggipfel vor der Zypresse stand und der Wind ihm die Ankunft eines neuen Wunders verkündete, das nur die Menschen vollbringen können, die daran aus tiefstem Herzen glauben.

Zu Toms großer Überraschung gab der Traumdeuter ihm die geöffnete Schachtel zurück. War nicht das darin, was er erwartet hatte? »Zeige mir, was du unter dem Kristall versteckt hast. Das ist alles, was ich als Belohnung fordere.« Tom verstand nicht recht. Er erinnerte sich an seinen Traum, doch nicht mehr an die Wahrheit, die er auf Geheiß des Jungen aufgeschrieben hatte. War es nicht das, was der Traumdeuter ihm noch erklären sollte? Toms Blick fiel in die Schachtel. Kurz fürchtete er, sie könne leer sein. Aber der kleine grüne Kristall funkelte ihm entgegen. Er hatte ihn nie ganz herausgenommen, seit sein Vater ihm die Schachtel hinterlassen hatte. Als er sie damals neben dem Bett seines Vaters fand, befürchtete er noch, er könne die Erinnerung zerstören, wenn er den Kristall nur berührte. Weil eine Berührung das Gefühl auslöschen könnte, das er als Kind empfunden hatte, wenn er den Stein in der Hand hielt. Später hatte er sich an ihm geschnitten, und auch das zeigte ihm, dass er das Juwel besser in der Schachtel ließ. An seinen Versuch, nach dem Tod des Mädchens den Stein gewaltsam herauszureißen und sich mit ihm ins Unglück zu stürzen, mochte er erst gar nicht mehr denken. Nun aber nahm ihn Tom ganz langsam und natürlich an sich. Die Magie des Steins war längst auf Tom übergegangen und nun war es nur noch ein schöner Stein, vor dem Tom sich nicht länger fürchten musste. Als er das Funkeln näher betrachtete, fiel ihm auf, dass noch etwas anderes in der Schachtel lag. Am Boden war ein Stück zusammengefaltetes Papier. Es war ein kleiner Zettel, den jemand vor vielen Jahren dort hineingetan haben musste, denn das Papier war schon ganz vergilbt und fühlte sich sehr alt an, als Tom es aus der Schachtel nahm. Als er es in der Hand hielt, spürte er wieder den Blick des Traumdeuters. Ohne das Papier zu entfalten, gab er es ihm. Es war seine Belohnung und Tom hatte kein Recht daran. Der weise alte Mann nahm es dankbar entgegen, faltete es auseinander und begann zu lesen, was dort geschrieben stand. Die Worte berührten seine Seele. Es war etwas, das er selbst als Traumdeuter nicht oft erlebte. Er fühlte, wie die Hand des kleinen Jungen seine Seele streichelte, während er diese Zeilen las.

»Bewahre es in deinem Herzen«, sagte der weise Mann, als er Tom den Zettel zurückgab. Tom war überrascht. »Was soll ich jetzt damit machen?« Er hatte erwartet, dass der Traumdeuter das Papier behalten würde oder ihm daraus eine Deutung offenbarte. »Das ist wie immer deine Entscheidung. Deine Schuld ist beglichen, denn du hast mir alles gezeigt, wonach ich verlangt habe.«

Tom blickte auf das Papier, das vor Urzeiten einmal beschrieben worden sein musste. War es eine Abschrift der Smaragdtafel, deren Splitter Tom noch immer besaß? Bevor auch er begann, die Zeilen zu lesen, wandte sich der weise Mann noch einmal an ihn. »Eine Bitte habe ich noch, wenn du sie mir gewähren magst«, hörte er ihn sagen, und Tom gab ihm zu verstehen, dass er sprechen möge.

»Gib weiter, was du gelernt hast. Meine Tage hier auf Erden sind gezählt. Aber die Weltenseele braucht immer jemanden, der den Suchenden den Weg weisen kann.«

Epilog

Tom klappte das Buch zu. Lange hatte er gebraucht, um alles aufzuschreiben. Nun saß er mit tiefem innerem Frieden in seinem Garten und lauschte den Vögeln. Es war ihm, als hätte er alles noch einmal erlebt. Die Geschichte von Ala K'in und seinem Esel in der zeitlosen Wüste. Eine Geschichte, die das eigene Selbst betraf, das, wenn es sich auf die Suche nach einem Lebenssinn machte, erst einmal alle Gedanken loswerden musste. Gedanken, die ablenken und verwirren konnten und die, wenn man sie nicht einzufangen vermochte, wie es Ala K'in zunächst ergangen war, auch in den Abgrund führen konnten. Es war das Verweilen im Augenblick, das Ala K'in gerettet hatte, und das die erste Voraussetzung dafür war, dass jemand die Suche nach dem Sinn seiner Existenz überhaupt beginnen konnte. Herumzuirren auf dieser Suche, wie Ala K'in es in der Wüste getan hatte, würde einen ersichtlich nicht weiterbringen. Bei der Frage nach einem konkreten Ziel, wurde das eigene Selbst immer wieder zurückgeworfen, wie Ala K'in sich mit seinem Esel immer wieder unter der Palme an dem Ort wiedergefunden hatte, von dem er aufgebrochen war. Nur das Loslassen und die Gelassenheit, sein Ziel irgendwann zu finden, waren es, die das Selbst weiterbrachten, um Klarheit auf diesem Weg zu gewinnen. So konnte auch Ala K'in erst in dem Moment erkennen, als er darauf vertraute, keinen Weg aus der Wüste finden zu müssen, dass der Sinn des Lebens sich nur von selbst erschließt. Dass er tief in sein Inneres gehen musste, um eine Antwort zu finden, die er als kleiner Junge schon einmal gekannt hatte. Dass der einzige Weg im Leben der war, seinem Herzen zu folgen, so schwer das auch manchmal sein mochte. Erst der kleine Junge, der er einmal war, konnte ihn an diese Wahrheit erinnern. So leicht sie für ihn beim Ritt auf dem Esel damals gewesen war, so schwer schien sie Tom doch heute als erwachsener Mann zu sein. Aber das musste sie nicht.

Das war es, was ihm sein Vater wohl noch hatte sagen wollen. Es war mehr als eine Antwort, nach der Tom zu Beginn so verzweifelt gesucht hatte. Denn die Antwort lag in dem, was Tom erlebt hatte, und in dem Papier, das er irgendwann gelesen hatte, nachdem der Traumdeuter schon lange verschwunden war. Auch Tom hatte gelächelt. Er hatte sich erinnert. Jahre später, als er selbst Kinder hatte, ging er abends in ihr Zimmer und erzählte sie ihnen. Es war die Geschichte von dem Jungen, der auf einem Esel ritt.

DIE FRAGEN DES LEBENS

ALLE LIEFERBAREN TITEL, INFORMATIONEN UND SPECIALS
FINDEN SIE ONLINE

Auch als **eBook**

www.dtv.de **dtv**

INSPIRATION FÜRS EIGENE LEBEN

ALLE LIEFERBAREN TITEL, INFORMATIONEN UND SPECIALS FINDEN SIE ONLINE

Auch als **eBook** www.dtv.de **dtv**